Beeren

Gabriele Lehari

GARTEN-FIT

- Sorten und Anbau
- Fitness und Gesundheit
- Feine Rezepte

Ulmer

Inhalt

Beeren – köstliche Geschenke der Natur

Die Natur liefert uns eine üppige Vielfalt an schmackhaften und gesunden Beeren, die in jedem Garten gedeihen.

4

Beerenvielfalt

Obwohl Beeren noch gar nicht auf eine so alte Tradition als Kulturpflanzen zurückblicken können, sind sie aus Küche und Garten nicht mehr wegzudenken.

8

Inhalt

Beerenobst im Garten

Die Auswahl der passenden Sorten und die richtige Pflege der Sträucher sichern Jahr für Jahr eine reiche Ernte.

14

Inhalt

Beeren – köstliche Geschenke der Natur

Beeren sind nicht nur schmackhaft und gesund, sie sorgen auch für Abwechslung in unserem Speiseplan. Sie eignen sich sowohl zum Rohverzehr für zwischendurch als auch zur Weiterverarbeitung und bringen Farbe auf den Tisch. Obwohl es heutzutage durch die schnellen Transportwege kein Problem mehr ist, Früchte aus aller Welt fast rund um das Jahr auf dem Markt anzubieten, bleibt Beerenobst nach wie vor etwas Besonderes.

Die meisten bei uns angebotenen Früchte werden hier oder im benachbarten Ausland angebaut, da sie nicht so lange haltbar sind, also möglichst schnell in den Handel kommen und verwertet werden sollten. Im Vergleich zu beispielsweise Äpfeln oder Zitrusfrüchten ist die Saison von Beerenobst relativ kurz und der Preis aufgrund der aufwendigeren Anbau- und Erntemethoden entsprechend höher. Darum lohnt es sich umso mehr, die eigenen Beerensträucher im Garten anzubauen, um die bunten Köstlichkeiten möglichst frisch genießen zu können.

Selbstverständlich kann man Brombeeren, Himbeeren oder Heidelbeeren auch von wild wachsenden Sträuchern sammeln und verwerten. Dabei sollte allerdings berücksichtigt werden, dass diese Früchte, insbesondere wenn sie in Bodennähe wachsen, mit dem Fuchsbandwurm behaftet sein können. Daher sollten solche Früchte vorsichtshalber vor dem Verzehr erhitzt oder zumindest gut abgewaschen werden.

Unter Beerenobst verstehen wir im Allgemeinen Arten wie Himbeeren, Brombeeren, Stachelbeeren, Johannisbeeren und Heidelbeeren. Streng genommen – wenn man die botanische Definition einer Beere zugrunde legt – gehören aber Himbeere und Brombeere gar nicht zu den Beeren.

Übrigens ist die Erdbeere auch keine echte Beere. Sie zählt zu den Sammelnussfrüchten. Die winzigen, der Frucht aufliegenden Kernchen entsprechen den einzelnen Nüsschen

Als Beere bezeichnet man laut Lexikon der Biologie eine „Schließfrucht, bei der die Fruchtwand gänzlich saftig-fleischig wird und die meist zahlreichen hartschaligen Samen einschließt". Zu den Beeren gehören demnach auch Tomaten, Bananen, Gurken oder Zitrusfrüchte. Sogar der Kürbis ist streng genommen eine Beere; er wird oft als die größte Beere der Welt bezeichnet.

Himbeere und Brombeere dagegen zählen zu den so genannten „Sammelsteinfrüchten". Eine nähere Betrachtung zeigt, dass die Früchte aus sehr vielen kleinen, rundlichen Einzelfrüchten zusammengesetzt sind. Dies sind winzige Steinfrüchte, die jeweils einen Samen in sich tragen und eben zusammen die Sammelsteinfrucht bilden.

Bei der Auswahl der in diesem Buch beschriebenen Arten haben wir

Pralle, saftige Johannisbeeren sind die typischen Sommerfrüchte

uns aber dennoch daran orientiert, was landläufig als Beerenobst bezeichnet wird und neben Johannisbeeren, Stachelbeeren und Heidelbeeren auch Himbeeren und Brombeeren beschrieben.

Auch neuere Kreuzungsprodukte, die besonders für den Gartenanbau geeignet sind, wie die Jostabeere und die Taybeere, wurden mit berücksichtigt. Die Erdbeere wird in einem gesonderten Band behandelt.

Hintergrund

Hintergrund

Beerenvielfalt

Beeren als Kulturpflanzen können im Gegensatz zu vielen anderen Obstarten noch nicht auf eine sehr lange Geschichte zurückblicken. Die Wildformen der verschiedenen Beerenarten wurden schon früher wegen ihrer aromatischen Früchte geschätzt. Erst seit wenigen Jahrhunderten werden diese Pflanzen kultiviert, wobei man versucht, neue Sorten zu züchten, die sich durch schmackhaftere Früchte, höhere Erträge, bessere Resistenzen gegen Krankheiten sowie durch gute Pflück- und Verwertbarkeit auszeichnen.

■ Brombeeren und Himbeeren

Schon aufgrund der ähnlich aussehenden Fruchtform lässt sich auf eine enge Verwandtschaft dieser beiden Arten schließen. Sie gehören beide zur Gattung *Rubus*, die wiederum zur Familie der Rosengewächse zählt.

Die **Brombeere** (*Rubus fruticosus*) hat ihren Ursprung in Nordamerika und Eurasien. Heute findet man diese robuste Pflanze wild wachsend fast überall in den gemäßigten Zonen. Einer Legende zufolge ist die Brombeere aus dem Blut entstanden, das beim Kampf der Titanen gegen die Götter verspritzt wurde. Der üppig wuchernde Strauch mit den rankenden, bestachelten Trieben bildet häufig undurchdringliche Hecken und wird deshalb auch als Grenzbepflanzung verwendet. Die Brombeerblüten sind groß und weiß bis zartrosa. Da die Früchte nicht alle auf einmal heranreifen, findet man an einem Strauch gleichzeitig Blüten, noch grüne und schon erntereife Früchte. Nicht nur die bei Vollreife schwarzen Früchte enthalten viele gesundheitsfördernde Stoffe, auch die gerbstoffhaltigen Blätter werden in der Naturheilkunde verwendet. Seit dem 19. Jahrhundert wird die Brombeere kultiviert, wobei es vor etwa 50 Jahren erstmalig gelungen ist, auch stachellose Pflanzen zu züchten.

Bei Brombeeren findet man gleichzeitig Blüten und Früchte am Strauch

Bei der Pflege von Brombeersträuchern sollte man sich durch entsprechende Kleidung vor den Stacheln schützen

Zur Info

Dornen oder Stacheln?

Rosengewächse wie Himbeeren und Brombeeren besitzen keine Dornen, sondern Stacheln.

Dornen sind umgewandelte Pflanzenstrukturen – zum Beispiel Blätter – und finden sich meist bei Pflanzen der Trockengebiete (Kakteen). Stacheln sind dagegen Auswüchse der Pflanzenepidermis, also der äußersten Zellschichten, und dienen häufig als Haftorgane.

Die Früchte der **Himbeere** (*Rubus idaeus*) wurden schon in der Jungsteinzeit gesammelt. Ihren wissenschaftlichen Artnamen hat sie vom Berg Ida auf Kreta erhalten, weil sie dort besonders üppig wuchs. Heute ist diese anpassungsfähige Pflanze weltweit in den unterschiedlichsten Klimabereichen anzutreffen. Etwa ab dem Mittelalter begann man mit der Kultivierung dieser Pflanze. Im Gegensatz zur Brombeere sind die Früchte der Himbeere weicher und empfindlicher, besitzen aber bei Vollreife ein unvergleichlich intensives Aroma und sind daher sowohl frisch verzehrt als auch weiterverarbeitet eine Delikatesse. Beim Ernten werden die Früchte vom Fruchtboden, dem Zapfen, gelöst, der an der Pflanze hängen bleibt. Die Brombeere dagegen wird mit dem Fruchtboden geerntet und verzehrt.

Die **Taybeere** ist eine Kreuzung aus Brombeere und Himbeere und nur als Liebhabersorte für den Hausgarten geeignet. Die roten Früchte ähneln eher den Himbeeren, werden aber bis zu 4 cm lang. Beim Ernten bleibt allerdings der Fruchtboden wie bei der Brombeere in der Frucht. Mit ihrem angenehmen, intensiven Aroma ist sie vorwiegend für den Frischverzehr geeignet.

Johannisbeeren und Stachelbeeren

Johannisbeeren und Stachelbeeren gehören beide zur Gattung *Ribes*, welche der riesigen Familie der Stein-

Himbeeren sind weicher und empfindlicher als Brombeeren

Die Taybeere ist eine Kreuzung aus Himbeere und Brombeere

Zur Info

Weitere Arten

- *Eine wild wachsende, unscheinbare Verwandte der Brombeere ist die so genannte Kratzbeere (Rubus caesius). Die kleineren Fruchtstände bestehen nur aus 5 bis 15 Einzelsteinfrüchten. Durch die bereifte Schale wirken die Früchte königsblau. Die anspruchslose Pflanze wächst bis in Höhen von 1600 m und kann auch im Garten als Hecken- und Zierpflanze verwendet werden.*
- *Wer schon einmal nordische Länder bereist hat, wird sicherlich von der Moltebeere (Rubus chamaemorus) oder Lakka gehört haben. Die gelborangen Früchte ähneln im Aussehen der Brombeerfrucht. Sie hat einen eigenwilligen, intensiven Geschmack. Die Staude wächst niedrig am Boden und hat dünne, unbewehrte (stachellose) Triebe.*
- *Die wild wachsende, auf der gesamten Nordhalbkugel vorkommende Arktische Brombeere (Rubus arcticus) wird nur bis zu 20 cm hoch und bringt rote Blüten und später würzig schmeckende Früchte hervor.*
- *Die Japanische Weinbeere (Rubus phoenicolasius) ist eine dekorative Zierpflanze mit kleinen wohlschmeckenden Früchten.*

Rote, Weiße und Schwarze Johannisbeeren bringen Farbe und Abwechslung auf den Tisch

Stachelbeeren – hier die Sorte 'Invicta' – reifen im Juli und lassen sich vielseitig verwerten

brechgewächse zuzuordnen ist. Der Name stammt von dem arabischen Wort „ribas“ ab, was so viel wie „sauer schmeckende Pflanze“ bedeutet.

Die **Johannisbeeren** haben ihren Namen erhalten, weil sie um den St. Johannistag, also den 24. Juni, reifen. Man unterscheidet Rote, Weiße und Schwarze Johannisbeeren. Die kleinen, kugeligen Früchte erscheinen in lang herabhängenden Trauben.

Rote und **Weiße Johannisbeeren**. Die Art *Ribes rubrum* umfasst Pflanzen, die sowohl rote als auch rosa und weiße Früchte hervorbringen. Sie gehören zu einer Art, da sie große Ähnlichkeit in Geschmack und Wuchsform aufweisen. Die weißen Früchte sind meistens etwas empfindlicher und weniger säuerlich als die roten und daher sehr gut für den Frischverzehr geeignet.

Schwarze Johannisbeeren. Bei der Schwarzen Johannisbeere (*Ribes nigrum*) werden etwa seit dem 16. Jahrhundert neue Sorten gezüchtet. Die schwarzen Beeren werden wegen ihres herben Aromas weniger zum Frischverzehr, sondern eher für die Weiterverarbeitung zu Saft, Gelee oder Wein verwendet. Mit ihrem extrem hohen Vitamin-C-Gehalt stellen sie fast alle anderen Obstarten in den Schatten.

Die **Stachelbeere** (*Ribes uva-crispa*) wird vermutlich schon seit dem 15. Jahrhundert als Kulturpflan-

Die Jostabeere ist eine Kreuzung aus Schwarzer Johannisbeere und Stachelbeere

ze gezüchtet. Die meisten Züchtungen entstanden aber im 19. Jahrhundert in England. Heute ist die Stachelbeere auf der gesamten nördlichen Halbkugel verbreitet und kommt vielerorts auch verwildert vor. Die Früchte können grünlich, gelblich oder rötlich gefärbt sein, manche sind je nach Sorte dicht behaart oder glattschalig und auch die Sträucher selbst sind mehr oder weniger bestachelt. Stachelbeeren werden zur Weiterverarbeitung häufig unreif geerntet (die so genannte „Grünpflücke"), zum Rohverzehr müssen sie aber unbedingt reif sein, da größere Mengen unreifer Beeren giftig wirken können.

Als Besonderheit sei hier noch die **Jostabeere** (*Ribes nidigrolaria*) erwähnt, eine Kreuzung aus Schwarzer Johannisbeere und Stachelbeere, die viele positive Eigenschaften beider Arten in sich vereint: Sie ist äußerst resistent gegen Krankheiten, hat einen starken, ausladenden Wuchs, der aber keiner übermäßigen Pflege bedarf, die Triebe sind stachellos und die Früchte haben ein angenehmes Aroma. Sie liegen in der Größe zwischen den beiden Ausgangsarten, sind glattschalig und werden bei Vollreife schwarzviolett. Sie sind besonders für den Frischverzehr geeignet.

Für einen hohen Ertrag brauchen Heidelbeersträucher eine spezielle Bodenvorbereitung

Heidelbeeren

Die Heidelbeere gehört zu den Heidekrautgewächsen. Die bei uns wild vorkommende Art ist *Vaccinium myrtillus*. Sie wächst als niedriger Busch. Aus den zarten, im Mai und Juni blühenden weißen bis zartrosa Blüten gehen kleine, blau gefärbte, saftige bis mehlige Beeren hervor, die durch ihren hohen Gehalt an Anthozyanen gesundheitsfördernden Wert haben. Für den Anbau im Garten eignet sich jedoch nur die aus Amerika stammende **Kulturheidelbeere** *Vaccinium corymbosum*, die etwa seit 1900 in Amerika züchterisch bearbeitet wurde und auch bei uns erhältlich ist. Der bis zu 3 m hoch werdende Strauch – die meisten Sorten bleiben aber kleiner – bringt 1 bis 2 cm große Beeren hervor, die unter der blau gefärbten Schale ein helles Fruchtfleisch besitzen.

Das Aroma der frischen Früchte ist weniger intensiv als das der wilden Heidelbeere, nach dem Aufkochen entfalten sich aber die aromatischen Inhaltsstoffe

Der Heidelbeerstrauch stellt als ursprüngliche Moorpflanze bestimmte Ansprüche an die Bodenqualität und ist daher nicht für jeden Standort geeignet beziehungsweise benötigt besondere Vorbereitungen des Pflanzbodens.

Sorten und Anbau

Sorten und Anbau

Beerenobst im Garten

Was gibt es Schöneres, als während der Sommermonate frische Beeren direkt vom Strauch aus dem eigenen Garten zu genießen? Da Beerensträucher im Gegensatz zu Obstbäumen einen wesentlich geringeren Platzbedarf haben, sind sie auch für kleinere Gärten geeignet. Pflanzt man verschiedene Arten und Sorten nebeneinander, bietet sich einem zur Erntezeit ein vielfältiges und abwechslungsreiches Angebot an leckerem und gesundem Frischobst.

Mit einer überlegten Standortwahl, entsprechenden Vorbereitungen und der richtigen Pflege kann man sich einen Beerengarten anlegen und erhalten, an dem man lange Jahre viel Freude hat und der einen regelmäßig mit üppigen Ernten versorgt.

Einen Beerengarten planen

Legt man einen Garten neu an oder möchte man einen vorhandenen Garten umgestalten und einen Teil davon als Beerengarten anlegen, sollten bereits in der Planungsphase einige wichtige Aspekte berücksichtigt werden. So lässt sich später mit einem relativ geringen Aufwand ein möglichst hoher Ertrag erzielen.

Der richtige Standort

Zunächst muss ein Standort gewählt werden, der den Beerensträuchern möglichst geeignete Boden-, Licht- und Wasserverhältnisse bietet. Grundsätzlich lässt sich sagen, dass bei 1200 bis 1500 m Höhe in unseren Breiten die Obergrenze für den Anbau der meisten Beerenobstarten erreicht ist.

Brombeeren bevorzugen einen warmen, geschützten Standort, da die Ruten nur bedingt winterhart sind und je nach Sorte bei –15 bis –20 °C oberirdisch abfrieren können. Windige Standorte sind ungeeignet. Da die Wurzeln sowohl tief als auch weit reichen, sollte vor dem Pflanzen der Boden möglichst tiefgründig gelockert werden. Bezüglich Bodenbeschaffenheit und Nährstoffbedarf sind Brombeeren relativ anspruchslos. Staunasse Böden sind zum Pflanzen von Brombeeren jedoch ungeeignet. Der optimale pH-Wert im Boden liegt bei 6,5.

Überschüssiges Wasser muss gut abfließen können, dennoch sollte der Boden genügend Wasserhaltekraft besitzen, um nicht sofort wieder auszutrocknen

Schon etwas anspruchsvoller, was den Boden angeht, ist die Himbeere. Ihre Wurzeln reagieren sehr empfindlich auf Staunässe und verdichteten Boden. Daher empfiehlt es sich, vor dem Pflanzen den Boden tiefgründig zu lockern. Die Einarbeitung von Kompost kann die Bodenstruktur zusätzlich verbessern. Als Flachwurzler (etwa 70 % der Wurzeln befinden sich im Oberboden) dankt sie eine Bodenbedeckung mit Mist, Stroh oder anderen Mulchmaterialien.

Wer in seinem Garten zu schwere Böden hat, aber trotzdem nicht auf den Himbeeranbau verzichten möchte, kann die Pflanzen auch auf 30 bis 40 cm hohen Dämmen anbauen. Der

Dammanbau verhindert weitgehend die Bildung von Staunässe und beugt somit dem gefürchteten Wurzelsterben vor. Ein geschützter Standort in der Sonne oder im Halbschatten ist ideal. Der pH-Wert des Bodens sollte zwischen 5,5 und 6,5 liegen.

Taybeeren als Kreuzung zwischen Himbeeren und Brombeeren ähneln vom Wuchs und von ihren Eigenschaften eher den Brombeeren. Das gilt für ihre Ansprüche an Standort, Pflege und Erziehung, für ihre Anfälligkeit für Krankheiten und Schädlinge, aber auch bei der Ernte.

Johannisbeeren, Stachelbeeren und Jostabeeren sind recht anspruchslos. Sie gedeihen auf sonnigen wie auf halbschattigen Standorten, wobei die Früchte einiger Stachelbeersorten durch Sonnenbrand geschädigt werden können. Lehmhaltige, nährstoffreiche Böden sind ideal. Der pH-Wert kann im Bereich von 5,5 bis 7,0 liegen. Das Wurzelwerk befindet sich teilweise im Oberboden, ist aber nicht so empfindlich wie das der Himbeeren. Eine Bodenabdeckung mit Mulchmaterial wirkt sich in jedem Fall günstig auf Wuchs und Ertrag aus.

Ganz besondere Ansprüche an ihren Standort stellt die Heidelbeere. Sie benötigt einen lockeren und humosen Boden. Als typische Moorbeetpflanze benötigt sie saure (kalkfreie) Böden. Ein pH-Wert von 4,5 bis höchstens 5,5 ist erforderlich. In den meisten Gärten dürfte diese Bodenbeschaffenheit nicht natürlich gegeben sein. Abhilfe schafft hier das Auffüllen des Pflanzloches mit Torf. Auch das Anpflanzen in Pflanzsäcken mit torfhaltiger Erde hat sich bewährt.

Bei der Wahl des Standortes muss natürlich auch der zur Verfügung stehende Platz mit berücksichtigt werden. In der Tabelle auf Seite 16 oben ist der Platzbedarf angegeben, den man für die einzelnen Beerenobstarten einplanen muss.

Ein sonniger Standort ist für Johannisbeeren optimal

So viel Platz muss sein!

Art	Pflanzabstand	Platzbedarf pro Pflanze
Brombeere (rankend)	2–3 m	4 m²
Brombeere (aufrecht wachsend)	0,8–1,2 m	2 m²
Himbeere	0,4–0,5 m	1 m²
Taybeere	2,5 m	4 m²
Johannisbeere	1,5–2 m	2 m²
Jostabeere	1,5–1,8 m	4 m²
Stachelbeere	1,5 m	1,5 m²
Heidelbeere	2 m	2,5 m²

Die richtige Erziehung

Der zur Verfügung stehende Standraum kann über die Erziehungsart der Pflanze entscheiden. Man kann Einzelpflanzen als Strauch oder Hochstämmchen setzen, man kann die Pflanzen als Hecken ziehen und somit gleichzeitig als Abgrenzung nutzen oder man kann sie am Spalier oder an einem Drahtrahmen entweder frei stehend oder vor einer Hauswand ziehen.

In raueren Lagen ist es immer zu empfehlen, Beerensträucher als Spalier vor einer Hauswand zu ziehen, da sie hier geschützt sind und die Sonnenwärme optimal ausgenutzt wird. In regenreichen Gebieten ist besonders darauf zu achten, die Sträucher durch richtige Erziehung und regelmäßigen Schnitt möglichst gut zu durchlüften, um Krankheiten vorzubeugen, die durch Nässe begünstigt werden – beispielsweise Mehltau.

Durch die richtige Erziehung bleiben Beerensträucher gesund und lassen sich besser beernten

Mögliche Erziehungsformen

Art	Mögliche Erziehungsform
Brombeere	Erziehung an Drahtrahmen (Palmettenerziehung, Fächererziehung), Hecke bei mehreren Pflanzen
Himbeere	Erziehung an Einzelpfählen oder Drahtrahmen, Hecke bei mehreren Pflanzen
Taybeere	Erziehung an Drahtrahmen (Palmettenerziehung, Fächererziehung), Hecke bei mehreren Pflanzen
Johannisbeere (rot und weiß)	Busch, Hochstämmchen, Hecke
Johannisbeere (schwarz)	Busch
Jostabeere	Busch
Stachelbeere	Busch, Hochstämmchen, Hecke
Heidelbeere	Busch

Bei Johannisbeeren und Stachelbeeren ist die langlebigste Wuchsform der Busch. Hochstämmchen haben den Vorteil, dass sie unterpflanzt werden können und leichter zu beernten sind. Von Nachteil ist allerdings, dass sie eine vergleichsweise kürzere Lebensdauer besitzen.

Resistente Sorten können den Einsatz von Pflanzenschutzmitteln reduzieren, was nicht nur der Umwelt, sondern auch uns selber beim Verzehr der Früchte zugute kommt

Die richtige Sorte

Bei der Auswahl der Beerenarten und Sorten spielt zunächst einmal der persönliche Geschmack eine Rolle. Es sollten natürlich nur Beeren angepflanzt werden, die man selber gerne mag und dementsprechend auch verwertet.

Von Vorteil ist es auch, wenn man sie möglichst vielseitig verarbeiten kann, da man dann nicht nur Beeren zum Frischverzehr zur Verfügung hat, sondern sie auch für eine spätere Verwendung konservieren oder aus ihnen verschiedene Gerichte zubereiten kann. Hierbei geht es dann schon um die richtige Sortenwahl, da sich einige Sorten beispielsweise besser zum Einfrieren oder Erhitzen eignen als andere.

Pflanzen Sie nur solche Beerenarten, die ihnen wirklich schmecken und die Sie auch weiter verarbeiten möchten! Das Pflanzen verschiedener Sorten einer Beerenart hat sich bewährt

Es sprechen einige praktische Gründe dafür, verschiedene Sorten einer Beerenart nebeneinander anzupflanzen. Obwohl alle Beerenarten selbstfertil, also selbstbefruchtend sind, ist bei der Ernte in der Regel mit einem höheren Ertrag zu rechnen, wenn die Bestäubung durch eine Fremdsorte erfolgt. Ein weiterer Vorteil der Anpflanzung unterschiedlicher Sorten ist die Möglichkeit, die Erntezeit zu verlängern. Wählt man beispielsweise eine frühe, eine mittelspäte und eine späte Sorte einer bestimmten Beerenart aus, verlängert sich die Ernteperiode um mehrere Wochen. Außerdem kann man so Früchte mit unterschiedlichem Geschmack und Aroma anbauen oder Sorten anpflanzen, die besonders zum Frischverzehr geeignet sind, neben Sorten setzen, die sich besser für eine Weiterverarbeitung eignen.

Nicht zuletzt sollte man bei der Sortenauswahl auf möglichst krankheitsresistente Beerensorten achten, die auch keine übermäßige Pflege über das ganze Jahr benötigen. Das gilt besonders wenn die für die Gartenarbeit zur Verfügung stehende Zeit begrenzt ist.

Zur Info

Ohne Chemie schützen

Auf den Einsatz von Pflanzenschutzmitteln sollte wenn irgend möglich verzichtet werden.

Man möchte diese Pflanzen ja beernten; beim Einsatz der „chemischen Keule“ läuft man Gefahr, letztendlich diese Giftstoffe mit den Beeren aufzunehmen. Darüber hinaus werden die zahlreichen Insekten und anderen Kleinstlebewesen, die sich im Garten und im Boden aufhalten, durch den Verzicht auf Pflanzenschutzmittel nicht in Mitleidenschaft gezogen. Die Auswahl resistenter Sorten bietet sich hier an.

Die besten Sorten für den Beerengarten

Bei der Auswahl der Beerensorten sieht sich der Hobbygärtner einem immensen Angebot gegenüber und hat somit die Qual der Wahl. Sicherlich wird ein entscheidender Faktor bei der Auswahl das Angebot der zu Rate gezogenen Baumschulen oder Gärtnereien sein. Dort sollte man sich am besten beraten lassen und erfragen, welche Sorten für das jeweilige Klima und die Bodenbeschaffenheit zu empfehlen sind. Im Folgenden wird ein Überblick über gängige und für den Hausgarten empfehlenswerte Sorten gegeben. Die Auswahl erfolgt hauptsächlich nach Widerstandsfähigkeit gegen Krankheiten (Robustheit), Ertrag und Geschmack.

Am besten gedeihen Pflanzen, die schon an das Klima und den Boden angepasst sind

Brombeere

Brombeeren gehören zu den so genannten Halbsträuchern. Die Langtriebe fruchten im zweiten Jahr und sterben dann ab. Man unterscheidet aufrecht wachsende von den häufigeren rankenden Sorten, die hier näher beschrieben werden. Die rankenden Brombeeren besitzen sehr lange Triebe, die je nach Sorte 3 bis 6 m lang werden und bewehrt oder stachellos sein können. Sie sind in der Regel etwas weniger winterhart als die aufrecht wachsenden Sorten.

Zur Info

Qualität zahlt sich aus

Hat man die Möglichkeit, sollte man die Pflanzen in einer Gärtnerei oder Baumschule kaufen, statt sie bei einem Versandhandel zu bestellen.

In der Gärtenerei erhalten Sie Pflanzen, die schon an die jeweiligen Klimaverhältnisse angepasst sind und daher in Ihrem Garten bessere Chancen auf gutes Gedeihen haben. Außerdem ist der Transportweg für Pflanzen so möglichst kurz und sie werden weniger in Mitleidenschaft gezogen. Nicht zuletzt kann sich eine kompetente Beratung vor Ort als sehr nützlich erweisen.

Zur Info

Sträucher und Halbsträucher

Die meisten Beerenobstarten zählen zu den Sträuchern. Ihre Triebe werden ziemlich alt und verzweigen sich vielfach. Die Bodentriebe oder Ruten von Brombeeren und Himbeeren sterben dagegen nach dem zweiten Jahr ab. Man zählt sie daher zu den Halbsträuchern.

Chester Thornless

Eine rankende, stachellose Brombeersorte, die 1985 in den USA gezüchtet wurde. Reife Mitte bis Ende August. Sie liefert große, aromareiche und feste Früchte mit hohem Ernteertrag. Frosthärte ist mittelgut. Die Sorte ist vor allem für warme Regionen empfehlenswert, da sie sonst sehr spät reift.

Dirksen Thornless

Ebenfalls eine rankende und stachellose, die 1974 in den USA gezüchtet. wurde. Die großen, mittelfesten Früchte reifen ab Anfang August. Sie sind gut im Geschmack und bringen eine gute Ernte. Die Sorte ist wenig anfällig für Fruchtfäule.

Die Sorte 'Jumbo' ist wegen ihrer großen Früchte beliebt

Jumbo

Die Sorte entstand durch eine Mutation der Sorte 'Black Satin' und wurde um 1980 in der Schweiz entdeckt. Große Früchte, lang oval, mittelfest, gut pflückbar. Reife ab Anfang August bis Mitte September. Sehr hoher Ertrag, süßsäuerlicher, leicht aromatischer Geschmack. Stachellose Sorte. Frostschutz empfehlenswert. Starker, rankender Wuchs mit 3 bis 4 m langen Ruten. Anfällig für Fruchtfäule und Brombeergallmilbe. Sollte zweimal wöchentlich durchgepflückt werden.

Loch Ness

Entstand 1983 durch Kreuzungen verschiedener Sorten in Schottland. Große, feste Früchte, elliptisch, fest, gut pflückbar. Reife ab Anfang August bis Mitte September. Hoher Ertrag, süßsäuerliches, gutes Aroma. Zum Einfrieren geeignet. Starkwüchsige, rankende, stachellose Sorte mit bis zu 3 m langen Ruten. Wenig anfällig für Fruchtfäule. Sollte einmal wöchentlich durchgepflückt werden. Sie gilt als die beste stachellose Sorte, benötigt aber intensive Pflege.

'Loch Ness' gilt als die beste stachellose Brombeersorte

Theodor Reimers

Auch unter den Namen 'Black Diamond' und 'Himalaya' bekannt. Die Sorte entstand um 1890 in den USA durch Auslese aus der wilden Sandbrombeere und wurde um 1900 von ihrem Namensgeber in Deutschland eingeführt. Mittelgroße, runde bis kugelförmige, saftreiche Früchte. Reife ab Ende Juli bis Mitte September. Hoher Ertrag, sehr guter Geschmack, süßes, kräftiges Aroma. Nicht sehr lange haltbar, zum Einfrieren weniger geeignet. Sehr stark wachsende, rankende Sorte mit bis zu 4 m langen, stark bestachelten Trieben. Keine besonderen Ansprüche, aber nicht für kalte, windige Höhenlagen geeignet,

'Theodor Reimers' ist stark wachsend. Die Früchte reifen ab Ende Juli

Frostschutz empfehlenswert. Anfällig für Fruchtfäule und stark anfällig für Brombeergallmilbe und Gallmücke. Bei guter Pflege sehr empfehlenswert.

Himbeere

Himbeeren gehören wie Brombeeren zu den Halbsträuchern. In der Regel tragen die Seitentriebe im zweiten Jahr Früchte und sterben dann ab.

Bei Halbsträuchern werden im Gegensatz zu den Sträuchern die Ruten in der Regel nur zwei Jahre alt. Man unterscheidet die Jungrute (1. Jahr) von der Tragrute (2. Jahr)

Zur Info

Einmal oder zweimal?

Bei Himbeeren unterscheidet man die einmal tragenden (sommertragenden) von den mehrmals tragenden, den so genannten remontierenden (herbsttragenden) Sorten. Bei letzteren ist die Auswahl nicht so groß, so dass man sich auf wenige bewährte Sorten beschränken muss.

Remontierende Sorten tragen im Sommer an den Vorjahresruten und im Herbst an den diesjährigen. Allerdings ist die Qualität der Sommerfrüchte bei einer zweimaligen Ernte nicht so gut. Daher werden remontierende Sorten so geschnitten, dass nur eine Ernte im Herbst erfolgt, wodurch der Ertrag höher und von besserer Qualität ist (siehe Erhaltungsschnitt). Zu den remontierenden Sorten gehören 'Autumn Bliss' und 'Korbfüller'.

Bei den sommertragenden Sorten unterscheidet man frühe ('Willamette'), mittelfrühe ('Glen Ample', 'Meeker'), mittelspäte ('Rusilva', 'Rutrago') und mittelspäte bis späte Sorten ('Rubaca', 'Schönemann').

Autumn Bliss

Auch unter den Namen 'Herbstwonne' oder 'Blissy' bekannt. Entstand 1964 in England, seit 1989 besteht Sortenschutz. Remontierende Sorte, die aber auch als Sommersorte wachsen kann. Mittelgroße, kegelförmige Früchte mit mittlerer Festigkeit, gut pflückbar, leicht vom Zapfen lösend. Reife ab Anfang August bis zum Frost. Als Sommersorte wird sie bereits im Juni geerntet. Hoher bis sehr hoher Ertrag, Geschmack und Aroma mittel. Mittlerer bis starker Wuchs, Rutenhöhe 1 bis 1,5 m, braucht nur ein einfaches Stützgerüst ohne Anbinden. Keine besonderen Ansprüche. Widerstandsfähig gegen Wurzelfäule und virusübertragende Blattläuse, keine

'Autumn Bliss' ist die bekannteste remontierende Sorte. Sie ist sehr widerstandsfähig und bringt hohe Erträge

Rutenkrankheit und keine Larven des Himbeerkäfers. Auch für Pflanzgefäße geeignet. Häufiges Durchpflücken erforderlich. Beschränkte Transportfähigkeit und Haltbarkeit, deshalb besonders für Frischverzehr, nicht so sehr für Tiefkühlung geeignet. Hauptsorte im Anbau.

Glen Ample

1981 gezüchtet aus ‘Glen Prosen’ × ‘Meeker’, erst seit 1999 im Handel, daher gibt es noch relativ wenig Anbauerfahrung. Mittelstarker Wuchs, Reifezeit ab Anfang Juli. Große bis sehr große, feste Früchte. Geschmack sehr gut, harmonisches Aroma. Hoher Ernteertrag, gute Pflückbarkeit. Robuste Sorte. Blattlausresistent, wenig anfällig für Rutenkrankheit und Fruchtfäule. Anfällig für Wurzelfäule.

Golden Queen

Diese Sommersorte entstand vermutlich durch eine Mutation in den USA. Kleine bis mittelgroße, orangegelbe, rundliche, weiche, leicht bereifte Früchte, gut pflückbar, leicht vom Zapfen lösend. Reife mittelfrüh (ab Juli). Niedriger Ertrag, guter Geschmack, starkes Aroma. Mittelstark wachsend. Stark anfällig für Fruchtfäule, wenig anfällig für Wurzelfäule. Liebhabersorte für den Hausgarten, besonders für Frischverzehr geeignet.

Korbfüller

Eine weitere remontierende, alte Sorte mit gutem Geschmack. Kleine bis mittelgroße, kegelförmige Früchte, leicht bis mittelschwer vom Zapfen lösend. Reife Juni/Juli und Haupternte ab September bis zum Frost. Mittlerer bis hoher Ertrag. Säure, Süße und Aroma gut. Mittelstark wachsend, bestachelt, Rutenhöhe 1 m. Mittlere Anfälligkeit für Fruchtfäule, geringe bis mittlere Anfälligkeit für Wurzelfäule. Alternativsorte zu ‘Autumn Bliss’ mit nicht ganz so hohem Ertrag.

Himbeeren haben den richtigen Reifegrad, wenn sie sich leicht vom Zapfen lösen

Meeker

Wurde in den USA aus ‘Willamette’ × ‘Cuthbert’gezüchtet und 1967 herausgegeben. Mittelgroße, sehr feste Früchte, leicht vom Zapfen lösend, gut pflückbar, lange an der Pflanze haltbar. Reife ab Anfang Juli. Guter, sicherer Ertrag, lange Erntezeit. Hervorragendes Aroma mit harmonischem Zucker- und Säuregehalt. Sehr starker Wuchs, bestachelt, sehr robust und problemlos in tiefen bis mittleren Lagen, nicht für Höhenlagen geeignet. Wenig anfällig für Fruchtfäule, recht

‘Meeker’ ist eine amerikanische Züchtung mit hervorragendem Aroma

widerstandsfähig gegen Rutenkrankheit und Wurzelfäule, virusresistent. Die Sorte eignet sich sowohl sehr gut zum Frischverzehr als auch für die Verarbeitung.

Rubaca

Neue Sorte. Mittelgroße, kegelförmige, mittelfeste Früchte, leicht vom Zapfen lösend, gut pflückbar. Reife ab Anfang Juli. Hoher Ertrag. Angenehmes Aroma, mittlere Haltbarkeit. Phytophthora-resistente Sommersorte, robust. Wenig anfällig für Rutenkrankheit und Fruchtfäule. Mittlere Haltbarkeit der Früchte.

'Rubaca' ist eine neue, robuste Sommersorte

Rusilva

Die Sorte ist seit 1988 im Handel, seit 1989 besteht Sortenschutz. Mittelgroße bis große, kegelförmige Früchte, mittlere bis gute Festigkeit, leicht vom Zapfen lösend, gut pflückbar. Reife ab Anfang Juli, lange Erntezeit. Guter Ertrag. Säure und Süße mittel, Aroma mittel bis gut. Starker Wuchs, wenig bestachelt. Resistent gegen virusübertragende Blattläuse, wenig anfällig für Wurzelfäule, jedoch stark anfällig für Fruchtfäule.

Rutrago

Handelsname 'Rucanta'. Die Sorte ist seit 1979 im Handel, seit 1982 besteht Sortenschutz. Mittelgroße, mittelfeste Früchte, leicht vom Zapfen lösend, gut pflückbar. Reife ab Mitte Juli, hoher und sicherer Ertrag. Kräftiges Aroma durch hohen Zucker- und Säuregehalt. Starker Wuchs, bestachelt. Geringe Ansprüche, bis in höhere Lagen geeignet, dort aber Windschutz erforderlich. Resistent gegen virusübertragende Blattläuse, mittlere Anfälligkeit für Fruchtfäule, höhere Anfälligkeit für Gallmücke, gering anfällig für Wurzelfäule. Für Frischverzehr und auch zum Einfrieren geeignet.

Schönemann

Die Sorte entstand durch eine Kreuzung aus 'Lloyd George' × 'Preußen' und wurde von ihrem Namensgeber in Stuttgart gezüchtet. Seit 1950 wird sie angebaut. Große, lang kegelförmige Früchte mit mittlerer Festigkeit, mittlere Lösbarkeit vom Zapfen. Reife ab Mitte Juli, sehr hoher Ertrag. Mittlerer Säure- und Zuckergehalt, Süße und Aroma ebenfalls mittel. Starker Wuchs, bestachelt, gute Jungrutenbildung. Wenig anfällig für Mehltau, mittel anfällig für Rutenkrankheit, anfällig für Himbeermosaikvirus, Fruchtfäule und Wurzelfäule. Alte Hauptsorte.

Willamette

Die Sorte entstand in den USA durch eine Kreuzung aus 'Newburgh' × 'Lloyd George'. Kleine Früchte mit guter Festigkeit, leicht pflückbar. Reife ab Mitte Juni, hoher Ertrag. Gutes Aroma mit mittlerem Zucker- und Säuregehalt. Starker Wuchs, bestachelt. Sehr robust, resistent gegen virusübertragende Himbeerblattlaus. Mittlere Anfälligkeit für Fruchtfäule, geringe Anfälligkeit für Wurzelfäule, robust gegen Rutenkrankheiten, wenig frostanfällig.

▶ Taybeere

Als Kreuzung zwischen Himbeere und Brombeere ist die Taybeere auch ein Halbstrauch, der an den Vorjahresruten fruchtet.

Sehr große (bis 4 cm lange), weiche, dunkelrote Früchte. Reife ab Anfang Juli bis etwa Mitte August. Zapfen bleibt beim Ernten an der Frucht. Hoher Ertrag. Nur bei Vollreife aromatisch, sonst sauer. Schneller Fruchtfall nach Reife. Etwas weniger starkwüchsig als Brombeeren, halbaufrechter Wuchs. Triebe himbeerähnlich bestachelt. Nicht für schwere, kalkhaltige Böden, sonst anspruchslos. Frosthärter als die Brombeere (bis –18°C), aber Winterschutz ist zu empfehlen. Gering anfällig für Botrytis. Die Sorte ist vorwiegend zum Frischverzehr und für die Marmeladenzubereitung, weniger zum Einfrieren geeignet. Eine Liebhabersorte für den Hausgarten, die am Spalier gezogen werden sollte.

Die Früchte der Taybeere sollten nur vollreif geerntet werden

▶ Johannisbeere

Bei Johannisbeeren steht einem eine immense Vielfalt an Sorten zur Verfügung. Hierbei sollte man darauf achten, dass bei den roten Sorten in raueren oder höheren Lagen spät blühende ausgewählt werden, um die Frostgefahr für die Blüte zu verringern.

Johannisbeeren gehören wie die Stachelbeeren zu den Sträuchern, deren Triebe sehr alt werden können und sich immer weiter verzweigen

▶ Rote Johannisbeere

Je nach Reifezeit unterscheidet man bei den Roten Johannisbeeren sehr frühe Sorten ('Jonkheer van Tets'), mittelfrühe bis mittelspäte Sorten ('Rondom','Rosetta','Rotet') und mittelspäte bis späte Sorten ('Rovada'). Neue Sorten sind zum Beispiel 'Detvan', 'Maraton' und 'Tatran' (alle mittelfrüh reifend).

'Detvan' ist eine neue, robuste Sorte mit langen, offenen Trauben

Detvan

Stark aufrecht wachsende Sorte aus der Slowakei, die sich gut für die Heckenerziehung eignet. Sehr lange, offene Trauben mit mittelgroßen, hellroten, glänzenden Beeren. Gut pflückbar. Starker Wuchs. Reife Anfang Juli, hoher Ertrag. Neigt zum Verrieseln, unempfindlich gegenüber Mehltau. Neue robuste Sorte, daher liegt noch wenig Erfahrung vor.

Jonkheer van Tets

Eine alte niederländische Sorte mit starkem Wuchs, guter Pflückbarkeit und hohem Ertrag. Reifezeit sehr früh (Ende Juni/Anfang Juli). Saftig-aromatisch im Geschmack. Die Sorte ist allerdings regenempfindlich, anfällig für die Blattfallkrankheit und die Früchte neigen zum Verrieseln.

Maraton

Eine neue, stark aufrecht wachsende Sorte aus der Slowakei, die sich gut für die Heckenerziehung eignet. Reife ab Anfang Juli (mittelfrüh). Sehr starker Wuchs, gute Pflückbarkeit, hoher Ertrag. Guter, leicht säurebetonter Geschmack. Eine sehr gesunde Sorte, die aber zum Verrieseln neigt.

Rondom

Die Sorte entstand 1934 in Holland durch Kreuzungen von *Ribes multiflorum* mit 'Rote Versailler' und einer alten holländischen Sorte. 1949 in Deutschland eingeführt. Große, kurze Trauben mit dunkelroten, mittelgroßen, stark glänzenden Beeren, dicht sitzend und kurz gestielt, fest. Lange am Strauch haltbar, leicht pflückbar, rieseln wenig. Reife Mitte bis Ende Juli, sehr hoher Ertrag. Mittleres Aroma mit viel Säure und hohem Vitamin-C-Gehalt. Sehr starker, aufrechter Wuchs, auch für Heckenerziehung geeignet. Eine der häufigsten Sorten, auch für raue Lagen geeignet. Gering anfällig für Blattfallkrankheit.

'Rondom' hat einen starken Wuchs und ist daher auch für die Heckenerziehung geeignet

Rosetta

Schwestersorte von Rotet. Entstand 1962 in Holland durch eine Kreuzung von 'Jonkheer van Tets' × 'Heinemanns Rote Spätlese'. Seit 1974 im Anbau. Sehr lange Trauben mit großen, hellroten Beeren, dicht sitzend, lang gestielt, fest. Lange am Strauch haltbar, sehr gut pflückbar, regenempfindlich, rieseln nicht. Reife Mitte Juli, sehr hoher Ertrag. Mittleres bis kräftiges, säuerliches Aroma. Mittlerer bis starker, aufrechter und buschiger Wuchs, bevorzugt feuchte und geschützte Lagen. Auf kalkreichen Böden besteht eine Neigung zu Chlorose. Die Sorte ist besonders für den Hausgarten geeignet.

Chlorose ist eine Blattkrankheit infolge mangelnder Chlorophyllbildung. Ursache können genetische Defekte, mangelnde Mineralstoffversorgung oder ungünstige Umwelteinflüsse wie Lichtmangel, Wassermangel oder Kälte sein

Rotet

Schwestersorte von Rosetta. Entstand 1962 in Holland durch eine Kreuzung von 'Jonkheer van Tets' × 'Heinemanns Rote Spätlese'. Seit 1974 im Anbau. Lange Trauben mit etwas unterschiedlich reifenden Beeren, sehr fest, gut pflückbar, regenfest, geringe Verrieselung. Reife Mitte Juli, sehr hoher Ertrag. Säuerlich aromatisch, für alle Verwertungsarten geeignet. Sehr hoher Vitamin-C-Gehalt. Mäßig starker, eher breiter Wuchs, bevorzugt geschützte Lagen und feuchte, mittelschwere Böden. Die Sorte ist nicht für Spätfrostlagen und nicht für die Heckenerziehung geeignet. Sie ist jedoch nur wenig krankheitsanfällig und resistent gegen die Blattfallkrankheit.

Rovada

Die Sorte entstand 1968 in Holland durch eine Kreuzung aus 'Fays Profilic' × 'Heinemanns Rote Spätlese'. Seit 1980 im Anbau. Lange Trauben mit mittelroten, festen Beeren, lange am Strauch haltbar, regenfest, gut pflückbar. Reife Ende Juli, sehr hoher Ertrag. Säuerliches, kräftiges Aroma. Für Frischverzehr und alle Verwertungsarten geeignet. Starker, buschiger Wuchs mit aufrechten Trieben. Geschützte Lagen und nährstoffreiche Böden bevorzugt. Anfälligkeit für Blattfallkrankheit.

Die regenfesten Beeren von 'Rovada' haben ein kräftiges Aroma

Tatran

Stark aufrecht wachsende Sorte, die sich gut für die Heckenerziehung eignet. Sehr lange, kompakte Trauben mit großen, glänzenden, hellroten Beeren, gut pflückbar. Kaum Verrieselung. Reife Mitte Juli, hoher Ertrag. Mittlerer Geschmack. Kräftiger, aufrechter Wuchs. Neue robuste Sorte, daher liegt noch wenig Erfahrung vor.

▶ Weiße Johannisbeere

Die empfindlichen Beeren der 'Weißen Versailler' sind besonders für den Frischverzehr geeignet

Blanka

Die Sorte entstand in der Slowakei durch eine Kreuzung aus 'Heinemanns Rote Spätlese' × 'Red Lake' und wurde 1977 eingeführt. Lange Trauben mit mittelgroßen, weißlich durchscheinenden, festen Beeren, die lange am Strauch haltbar sind. Gut pflückbar, verrieseln leicht. Reife Anfang August, sehr hoher Ertrag. Säuerlich, aromatischer Geschmack mit geringem Zucker- und hohem Säuregehalt. Starker Wuchs, hochbuschig bis aufrecht. Mittlere Anfälligkeit für Blattfallkrankheit, frosthart.

Rosa Sport

Die Sorte ist 1952 durch eine Mutation aus 'Heros' hervorgegangen. Sie ist eigentlich eine Mischform aus roten und weißen Johannisbeeren. Lange Trauben mit großen, dünnschaligen, rosa durchscheinenden Beeren, gut pflückbar, verrieseln nicht. Reife Ende Juni bis Anfang Juli, hoher Ertrag. Sehr guter Geschmack mit angenehmer Säure und mildem Aroma. Schwacher Wuchs, bei Fruchtbildung auseinander fallend. Nährstoffreiche, feuchte Böden bevorzugt. Regen- und spätfrostempfindlich. Regelmäßiger Schnitt erforderlich. Anfällig für Blattfallkrankheit und Blattläuse.

Weiße Versailler

Die Sorte wurde um 1850 in Frankreich gezüchtet. Seit 1873 in Deutschland im Anbau. Mittellange Trauben mit lang gestielten, großen Beeren mit vielen Samen. Reife Mitte Juli, mittlerer Ertrag. Milder Geschmack mit gutem Aroma, wenig Säure und Vitamine, besonders für Frischverzehr und Weinbereitung geeignet. Mittelstarker Wuchs mit aufrechten Trieben. Kräftiger Schnitt nach Ernte erforderlich. Stark anfällig für Blattfallkrankheit. Neigt zum Verrieseln.

Werdavia

Die Sorte entstand durch eine Auslese aus der Sorte 'Weiße Holländische'. Seit 1976 im Anbau. Mittellange Trau-

'Werdavia' ist eine anspruchslose, robuste Johannisbeersorte

ben mit mittelgroßen, weichen Beeren, Samen deutlich erkennbar. Reife Mitte Juli, hoher, regelmäßiger Ertrag ab dem 3. bis 4. Jahr. Wenig Säure, vorwiegend für Frischverzehr und Weinbereitung geeignet, weniger für Kompott oder zum Einfrieren. Starker, breitbuschiger Wuchs, keine besonderen Ansprüche, robust. Nicht für Spätfrostlagen geeignet. Wenig anfällig für Blattfallkrankheit. Das Holz ist frosthart.

▶ Schwarze Johannisbeere

Andega

Eine neue, Erfolg versprechende Sorte aus Frankreich mit mittelstarkem, aufrechtem Wuchs, Reife Mitte Juli. Mittlerer Ertrag. Mittellange Trauben. Guter, würzig aromatischer, leicht säuerlicher Geschmack. Robuste Sorte, nur gering mehltauanfällig, mittel anfällig für Blattfallkrankheit und Rostpilze. Die Beeren enthalten viel Vitamin C. Noch wenig Anbauerfahrungen.

Daniels September

Die Sorte entstand in England 1923 durch eine Mutation aus der Sorte 'Baldwin'. Mittellange Trauben mit locker hängenden, großen Beeren. Lange am Strauch haltbar. Reife Ende Juli, bei Fremdbefruchtung sehr hoher Ertrag. Säuerlich-herbes Aroma, weniger für Frischverzehr geeignet. Starker Wuchs mit dünnen Trieben, die auseinander fallen. Braucht großen Standraum. Gute Böden in geschützten Lagen bevorzugt. Anfällig für Blattkrankheiten und Mehltau.

Ometa

Die Sorte entstand durch Kreuzungen der Sorte 'Westra' mit resistenten Sämlingen. Seit 1990 im Handel. Lange Trauben mit mittellang gestielten, dicht sitzenden, großen, festen, gleichmäßig reifenden Beeren. Gut pflückbar, lassen sich leicht vom Stiel lösen. Lange am Strauch haltbar. Reife Mitte bis Ende Juli, regelmäßiger Massenträger. Mildes Aroma, hoher Zuckergehalt, mittlerer Säuregehalt. Starker Wuchs, mittelhoch und breit ausladend. Gute Böden in geschützten Lagen bevorzugt. Nicht mehr überall mehltauresistent, gering anfällig für Gallmilben. Besonders für den Hausgarten und den ökologischen Anbau geeignet, auch für Heckenerziehung.

Die Schwarze Johannisbeere 'Ometa' ist besonders für den Hausgarten und den ökologischen Anbau geeignet

Titania

Wurde 1980 in Schweden aus verschiedenen Sorten herausgezüchtet. In Deutschland 1985 eingeführt. Mittellange Trauben mit mittellang gestielten, großen, einheitlichen, fest sitzenden Beeren. Lassen sich leicht vom Stiel lösen. Reife Anfang Juli, sehr hoher, regelmäßiger Ertrag. Mittleres Aroma mit geringer Süße und mittlerem Säuregehalt. Stärkstes Wachstum aller Sorten, keine besonderen Ansprüche, allerdings frostempfindlich. Breitbuschiger Wuchs erfordert großen Pflanzabstand. Hohe Widerstandsfähigkeit gegen Pilzerkrankungen, wenig anfällig für Mehltau und Gallmilben, allerdings anfällig für Blattläuse und Rote Spinne. Wichtige, robuste Sorte für Erwerbsanbau und Hausgarten. Für Spaliererziehung geeignet.

'Titania' hat einen sehr starken Wuchs, ist allerdings frostempfindlich

Viola

Neue, aufrecht wachsende Sorte. Kurze Trauben mit mittelgroßen Beeren und sehr aromatischem Geschmack. Reife früh (erste Juliwoche). Hoher Ertrag. Sehr robuste Sorte, die wenig verrieselt. Geringe Anfälligkeit für Blattfallkrankheit und Rost, mittel anfällig für Mehltau. Die Beeren sind sehr reich an Vitamin C. Noch wenig Anbauerfahrung.

▶ Jostabeere

Jostabeeren sind Mehrfachkreuzungen zwischen Schwarzer Johannisbeere und Stachelbeere, die aber einen stärkeren Wuchs als ihre Elternarten besitzen und sehr widerstandsfähig sind. Sie gehören mit ihren zwei wichtigsten Sorten zu den typischen Hausgarten-Arten. Für beide Sorten gilt:

Beeren deutlich größer als Schwarze Johannisbeeren. Nicht gleichmäßig reifend, aber lange am Strauch haltbar. Reife Anfang bis Mitte Juli, regelmäßige, mittlere Erträge. Stärkerer Wuchs als die beiden Ausgangssorten, stachellos. Nährstoffreiche Böden in Lagen ohne Spätfrost bevorzugt. Jostabeeren sind nicht krankheitsanfällig für den Amerikanischen Stachelbeermehltau, für die Blattfallkrankheit, für Rostpilze und Gallmilben.

Jogranda

Auch unter dem Namen 'Jostaki' bekannt. Die Sorte entstand durch Kreuzungen der Schwarzen Johannisbeere

Die Früchte der Jostabeere 'Jogranda' sind leicht pflückbar

'Langtraubige Schwarze' × *Ribes divaricatum* (Oregon-Stachelbeere). Sie ist seit 1985 im Handel, seit 1988 besteht Sortenschutz. Rundliche bis elliptische, schwarzrote, weiche Beeren mit leichtem Flaum. Mittlerer Zucker- und Säuregehalt, mittleres Aroma. Leicht pflückbar, meist zu fünft am Strauch hängend. Mittelhoher Ertrag. Mittelstarker, breitbuschiger Wuchs mit überhängenden Trieben. Untere Triebe liegen auf dem Boden.

Josta

Die Sorte entstand aus den Kreuzungsprodukten von 'Silvergieters Schwarze' × 'Grüne Hansa' sowie 'Langtraubige Schwarze' × *Ribes divaricatum* (Oregon-Stachelbeere). Sie ist seit 1977 im Handel. Mittelgroße, ellipitische bis verkehrt eiförmige Beeren mit säuerlichem Aroma, mittlerer Geschmack. Geringe Süße. Schale sauer nachschmeckend. Mittlerer bis hoher Ertrag, etwas geringer als bei Jogranda. Starker, aufrechter, buschiger Wuchs. Öldrüsen fehlen, daher nicht der typische Geruch der Schwarzen Johannisbeere.

Die Sorte Jostine ist eine ganz ähnliche Sorte, aber gegenüber Josta im Geschmack verbessert.

▶ Stachelbeere

Bei der Auswahl von Stachelbeeren sollte man in jedem Fall auf Resistenz gegen Krankheiten achten. Auch gibt es Sorten, die so stark bestachelt sind, dass die Ernte erheblich erschwert wird. Empfehlenswerte resistente Sorten sind zum Beispiel die früh beziehungsweise mittelfrüh reifenden 'Remarka', 'Invicta' oder 'Rokula' und die mittelspät reifenden 'Hinnomäki', 'Rolonda' und 'Mucurines'. Bei hohem Mehltaudruck sind diese Sorten zwar nicht hundertprozentig resistent; meist werden aber nur die Triebspitzen befallen.

Hinnonmäki (gelb, grün und rot)

Ursprungsland ist Finnland. Bei dieser Sorte unterscheidet man eine gelb-, eine grün- und eine rotfrüchtige

Die gelbe 'Hinnonmäki' besitzt wenig behaarte Beeren mit dicker Schale

Variante. Für alle drei gilt: späte Reifezeit (ab Mitte Juli), mittlerer bis hoher Ertrag, mittelstarker Wuchs, sehr geringe Anfälligkeit für Mehltau und geringe Anfälligkeit für Blattfallkrankheit, leicht pflückbar, feste Beeren, die nicht platzen. Mittlerer Zucker- und Säuregehalt, Schale säuerlich nachschmeckend.

Gelb: Kleine bis mittelgroße, gelbe Beeren mit dicker Schale, wenig behaart, mittlerer Vitamin-C-Gehalt. Für alle Verwertungsarten geeignet. Geringe bis mittlere, einteilige Bestachelung.

Grün: Kleine, kugelförmige Beeren mit weißen Streifen, stark flaumig behaart, mittlerer Vitamin-C-Gehalt. Mittlere bis starke, einteilige Bestachelung.

Rot: Kugelförmige bis elliptische, mittelgroße, rote Beeren, gering behaart, hoher Vitamin-C-Gehalt. Geringe bis mittlere, einteilige Bestachelung.

Invicta

Die Sorte entstand in England durch Kreuzungen aus ('Resistenta' × 'Rote Triumph') × 'Keepsake'. Mittelgroße, ovale, weißlich grüne Beeren, dünnschalig, leicht behaart. Platzen leicht bei Vollreife. Für alle Verwertungsarten geeignet. Reifezeit mittel (Anfang bis Mitte Juli), sehr hoher Ertrag. Mittlere Süße, geringer Säuregehalt. Stark wachsende, breitbuschige Pflanze, robust, gering anfällig für Blattfallkrankheit, bedingt mehltauresistent. Braucht mittelschwere, nährstoffreiche Böden mit guter Wasserversorgung. Mittlere, zwei- bis dreiteilige Bestachelung. Für Spalierererziehung geeignet.

Mucurines

Über die Herkunft der Sorte ist nichts bekannt. Große, hellgrüne, feste, breit elliptische bis leicht birnenförmige Beeren. Feste Schale, nicht behaart, Adern leicht rot gefärbt. Gut pflückbar, Platzneigung gering. Reifezeit mittel bis spät (Anfang bis Mitte Juli), hoher Ertrag. Gutes Aroma mit viel Süße und geringer Säure, Schale säuerlich nachschmeckend. Starker, buschiger Wuchs, widerstandsfähig. Weitgehend mehltauresistent, geringe Anfälligkeit für Blattfallkrankheit. Mittlere bis starke, einteilige Bestachelung.

'Redeva' ist eine neue, sehr robuste Stachelbeersorte mit hohem Ertrag

Redeva

Eine neue sehr robuste Sorte mit aufrechtem Wuchs, die sich gut für die Heckenerziehung eignet. Reifezeit Anfang Juli. Die Beeren halten lange am Strauch und platzen nicht leicht. Sehr hoher Ertrag, sehr guter, angenehm süßer Geschmack. Ältere Pflanzen sind weniger bewehrt und daher besser pflückbar.

Remarka

Die Sorte entstand 1955 durch Kreuzungen verschiedener Sorten mit *Ribes divaricatum*. Seit 1970 im Handel. Große, mittel- bis dunkelrote, kugelförmige bis schwach elliptische Beeren. Schale dünn bis mittel, nicht oder nur leicht behaart. Starke Neigung zum Platzen, mittelschwer pflückbar. Reifezeit früh (ab Anfang Juli), hoher Ertrag. Mittleres Aroma mit viel Süße und geringem Säuregehalt. Auch für Grünpflücke geeignet. Mittelstarker, buschiger Wuchs, weitgehend mehltauresistent. Starke, einteilige Bestachelung, lange Stacheln. Muss regelmäßig kräftig ausgelichtet werden. Für Heckenerziehung geeignet.

Rokula

Die Sorte stammt aus Deutschland (Dr. Bauer). Sie hat einen mittelstarken Wuchs und ist gering bestachelt. Die Beeren sind rot, groß, rund, leicht bereift, glattschalig und hängen einzeln oder zu zweit. Sie sind gut pflückbar, neigen allerdings zum Platzen. Reife früh (Ende Juni), hoher Ertrag. Guter, aromatischer Geschmack. Sehr widerstandsfähig gegen Mehltau und Blattfallkrankheit.

Stachelbeere 'Rolonda' ist wegen ihrer zähen Schale weniger für den Frischverzehr geeignet

Rolonda

Die Sorte entstand 1970 durch Kreuzungen von Wildarten mit Kultursorten. Sortenschutz besteht seit 1987, seit 1989 im Handel. Mittelgroße, dunkelrote, ovale, sehr feste Beeren, leicht pflückbar, geringe Platzneigung. Schale zäh, leicht behaart. Reifezeit mittelspät (Mitte Juli), hoher Ertrag. Aromatisch mit mittlerem Zucker- und Säuregehalt. Mittlerer bis starker Wuchs, breitbuschig, weitgehend mehltauresistent, geringe Anfälligkeit für Blattfallkrankheit. Mittelstarke, einteilige Bestachelung. Triebe im oberen Drittel fast ohne Stacheln. Eine der wichtigsten roten Sorten. Für Spalierziehung geeignet.

Heidelbeere

Auch bei Heidelbeeren können Ertrag und Reifezeit innerhalb einer Sorte variieren, wobei diese Faktoren stark vom Standort abhängen. Daher sollte man sich genau erkundigen, welche Sorten für die herrschenden Klimabedingungen und die jeweilige Höhenlage geeignet sind.

Bluecrop

Die Sorte entstand 1941 in den USA. Seit 1952 im Anbau. Mittelgroße, feste, haltbare, hellblau bereifte Beeren. Reifezeit mittelfrüh (ab Ende Juli), gleichmäßig hohe Erträge. Angenehm mildes Aroma. Mittelstarker, aufrechter Wuchs bis 1,6 m Höhe, dünne Triebe. Widerstandsfähig gegen Triebwelke, Holz frosthart, verträgt Trockenheit. Wichtigste Sorte.

Blueray

Die Sorte entstand durch Kreuzungen aus mehreren Sorten in den USA. Seit 1955 im Handel. Große, feste, plattrunde, hellblau bereifte Beeren, platzfest und regenfest. Reifezeit mittelfrüh (ab Ende Juli), gleichmäßig mittlere bis hohe Erträge. Kräftiges, leicht säuerliches Aroma, hervorragende Fruchtqualität. Starker, breiter Wuchs erfordert kräftiges Auslichten. Als Jungpflanze empfindlich für Triebsterben an schlechten Standorten.

Goldtraube

Die Sorte entstand 1930 in Deutschland und ist seit 1958 im Anbau. Große, feste, mittelblau bereifte Beeren, lange am Strauch haltbar. Reifezeit mittelspät (ab Mitte August), gleichmäßig hohe Erträge. Sehr aromatisch. Starker, aufrechter Wuchs, robust. Widerstandsfähig gegen Triebsterben, unempfindlich gegen Frost und Trockenheit. Empfehlenswerte Sorte, besonders für den Frischverzehr.

'Bluecrop' ist die bei uns wichtigste Kulturheidelbeere

Beerensträucher anpflanzen

Ist die Planung des Beerengartens bezüglich Standort, Erziehungsart und Sortenwahl abgeschlossen, kann man nun zur Tat schreiten und mit dem Anlegen des Beerengartens beginnen.

Die beste Pflanzzeit

Die richtige Pflanzzeit für Beerensträucher ist im Normalfall der Herbst. Abhängig von Art oder Sorte und den klimatischen Verhältnissen sollte man aber manche Beeren besser im Frühjahr pflanzen. Frostempfindliche Brombeersorten werden am besten im Frühjahr gepflanzt, da die jungen Ruten bei einer Herbstpflanzung eventuell die ersten Fröste nicht überstehen. Bei Himbeeren zieht man bei den remontierenden (herbsttragenden) Sorten die Frühjahrspflanzung vor, einmal tragende Sorten werden im Herbst gepflanzt. Bei Johannisbeeren und Stachelbeeren hat sich in besonders rauen oder kälteren Lagen eine Pflanzung im Frühjahr bewährt, ansonsten wird im Herbst gepflanzt. Auch für Heidelbeeren ist der Herbst die beste Pflanzzeit.

Stachelbeeren und Johannisbeeren lassen sich gut im Frühjahr durch Absenker vermehren

Das optimale Pflanzgut

Fast alle Gartenpflanzen werden heute als Containerware angeboten, das heißt, die Pflanzen besitzen keine blanken Wurzeln, sondern werden mit dem umgebenden Erdballen verkauft. Vorteil ist, dass diese Pflanzen das ganze Jahr über gepflanzt werden können und die Belastung für die Pflanze sowie die Möglichkeit einer Schädigung der Wurzeln durch Austrocknung oder Abbrechen minimal bleiben. In der Regel ist Containerware teurer als Pflanzen mit blanken Wurzeln. Letztere sollten nur zu den in der Tabelle angegebenen Zeiten gepflanzt werden, wobei im Frühjahr darauf zu achten ist, dass der Boden nach dem Winterfrost schon etwas abgetrocknet ist und sich erwärmt hat.

Fortsetzung Seite 37

Die beste Pflanzzeit

Art	Beste Pflanzzeit
Brombeere	Herbst, frostempfindliche Sorten im Frühjahr
Himbeere (einmal tragend)	Herbst
Himbeere (zweimal tragend)	Frühjahr, auch Herbst
Taybeere	Herbst, in rauen Lagen Frühjahr
Johannisbeere	Herbst, in rauen Lagen Frühjahr
Stachelbeere	Herbst, in rauen Lagen Frühjahr
Jostabeere	Herbst, in rauen Lagen Frühjahr
Heidelbeere	Herbst

Brombeerabsenker pflanzen

Die wichtigsten Sorten im Überblick

Art	Sorte	Reifezeit	Ertrag	Geschmack / Aroma	Widerstandsfähigkeit / Anfälligkeit
Brombeere	Jumbo	ab Anfang August	sehr hoch	mittel / süßsäuerlich-aromatisch	anfällig für Fruchtfäule, Gallmilbe
	Loch Ness	ab Anfang August	hoch	gut / süßsäuerlich	wenig anfällig für Fruchtfäulen, anfällig für Milben
	Theodor Reimers	ab Ende Juli	hoch	gut / süß	anfällig für Fruchtfäule, Gallmilbe und Gallmücke
Himbeere	Autumn Bliss	remontierend, ab Anfang August bis Frost, im 2. Jahr ab Juni	hoch bis sehr hoch	mittel / Zucker und Säure mittel	widerstandsfähig gegen Wurzelfäule, virusübertragende Blattläuse, Rutenkrankheit, Himbeerkäfer
	Glen Ample	ab Anfang Juli	hoch bis sehr hoch	sehr gut / harmonisch	blattlausresistent, wenig anfällig für Fruchtfäule, anfällig für Wurzelfäule
	Golden Queen	ab Juli	niedrig	gut / stark	stark anfällig für Fruchtfäule
	Korbfüller	remontierend, Juni / Juli und ab September	mittel bis hoch	mittel / Zucker und Säure mittel	mittlere Anfälligkeit für Fruchtfäule und Wurzelfäule
	Meeker	ab Anfang Juli	hoch	gut / Zucker und Säure hoch	virusresistent, wenig anfällig für Fruchtfäule
	Rubaca	ab Anfang Juli	hoch	gut / angenehm	Phytophthora-resistent, wenig anfällig für Botrytis
	Rusilva	ab Anfang Juli	hoch	mittel / Zucker und Säure mittel	widerstandsfähig gegen Wurzelfäule, stark anfällig für Fruchtfäule
	Rutrago	ab Mitte Juli	hoch	gut / Zucker und Säure hoch	wenig anfällig für Wurzelfäule, mittlere Anfälligkeit für Fruchtfäule, sehr anfällig für Gallmücken
	Schönemann	ab Mitte Juli	sehr hoch	mittel / Zucker mittel, Säure hoch	anfällig für Himbeermosaikvirus, Mehltau und Wurzelfäule
	Willamette	ab Mitte Juni	hoch	gut / Zucker und Säure mittel	resistent gegen virusübertragende Blattläuse, mittlere Anfälligkeit für Fruchtfäule
Taybeere	–	ab Anfang Juli	hoch	aromatisch nur bei Vollreife	wenig anfällig für Botrytis

Die wichtigsten Sorten im Überblick

Art	**Sorte**	**Reifezeit**	**Ertrag**	**Geschmack / Aroma**	**Widerstandsfähigkeit / Anfälligkeit**
Rote Johannisbeere	*Detvan*	*ab Anfang Juli*	*hoch*	*mittel*	*neigt zum Verrieseln, unempfindlich für Mehltau*
	Jonkheer van Tets	*ab Ende Juni/ Anfang Juli*	*hoch*	*saftig aromatisch*	*anfällig für Blattfallkrankheit, neigt zum Verrieseln*
	Maraton	*ab Anfang Juli*	*hoch bis sehr hoch*	*mittel / leicht säurebetont*	*sehr gesund, neigt zum Verrieseln*
	Rondom	*Mitte bis Ende Juli*	*sehr hoch*	*mittel / Säure hoch*	*geringe Verrieselung, wenig anfällig für Blattfallkrankheit*
	Rosetta	*Mitte Juli*	*sehr hoch*	*mittel / säuerlich*	*keine Verrieselung, neigt zu Chlorose*
	Rotet	*ab Mitte Juli*	*sehr hoch*	*gut / säuerlich*	*geringe Verrieselung, wenig krankheitsanfällig*
	Rovada	*ab Ende Juli*	*sehr hoch*	*gut / säuerlich*	*anfällig für Blattfallkrankheit*
	Tatran	*ab Mitte Juli*	*hoch*	*mittel*	*kaum Verrieselung*
Weiße Johannisbeere	*Blanka*	*Mitte bis Ende Juli*	*sehr hoch*	*gut / Zucker gering, Säure hoch*	*geringe Verrieselung, mittlere Anfälligkeit für Blattfallkrankheit*
	Rosa Sport	*Ende Juni bis Anfang Juli*	*hoch*	*sehr gut / mild*	*keine Verrieselung, anfällig für Blattfallkrankheit und Blattläuse*
	Weiße Versailler	*ab Mitte Juli*	*mittel*	*gut / mild*	*stark anfällig für Blattfallkrankheit*
	Werdavia	*ab Mitte Juli*	*hoch*	*gut / Säure niedrig*	*gering anfällig für Blattfallkrankheit*
Schwarze Johannisbeere	*Andega*	*ab Mitte Juli*	*mittel*	*mittel / würzig, leicht säuerlich*	*mittel anfällig für Blattfallkrankheit und Rost*
	Daniels September	*ab Ende Juli*	*sehr hoch*	*mittel / säuerlich-herb*	*anfällig für Blattkrankheiten und Mehltau*
	Ometa	*Mitte bis Ende Juli*	*hoch*	*gut / Zucker hoch, Säure mittel*	*nicht mehr überall mehltauresistent, wenig anfällig für Gallmilben*
	Titania	*ab Anfang Juli*	*sehr hoch*	*mittel / Zucker niedrig, Säure mittel*	*wenig anfällig für Pilzerkrankungen, Mehltau und Gallmilben*
	Viola	*erste Juliwoche*	*hoch*	*gut / Säure niedrig, Zucker hoch*	*wenig krankheitsanfällig, mittel anfällig für Mehltau*

Die wichtigsten Sorten im Überblick

Art	Sorte	Reifezeit	Ertrag	Geschmack / Aroma	Widerstandsfähigkeit / Anfälligkeit
Josta-beere	Jogranda	Anfang bis Mitte Juli	mittel	mittel / Zucker und Säure mittel	nicht krankeitsanfällig
	Josta	Anfang bis Mitte Juli	mittel bis hoch	mittel / säuerlich	nicht krankheitsanfällig
Stachel-beere	Hinnon-mäki gelb, grün, rot	ab Mitte Juli	mittel bis hoch	mittel / Zucker und Säure mittel	sehr wenig anfällig für Mehltau, wenig anfällig für Blattfallkrankheit
	Invicta	Anfang bis Mitte Juli	sehr hoch	mittel / Zucker mittel, Säure gering	mehltauresistent, wenig anfällig für Blattfallkrank-heit
	Mucurines	Anfang bis Mitte Juli	hoch	gut / Zucker hoch, Säure gering	mehltauresistent, wenig anfällig für Blattfallkrank-heit
	Redeva	Anfang Juli	hoch	sehr gut / an-genehm süß	wenig krankheitsanfällig
	Remarka	ab Anfang Juli	hoch	mittel / Zucker hoch, Säure gering	weitgehend mehltau-resistent
	Rokula	ab Ende Juni	hoch	gut / aromatisch	sehr widerstandsfähig ge-gen Mehltau und Blattfall-krankheit
	Rolonda	Anfang bis Mitte Juli	mittel	gut / Zucker und Säure mittel	mehltauresistent, wenig anfällig für Blattfallkrank-heit
Heidel-beere	Bluecrop	ab Ende Juli	hoch	gut / mild	widerstandsfähig gegen Triebwelke
	Blueray	ab Ende Juli	hoch bis sehr hoch	gut / leicht säuerlich	als Jungpflanze empfindlich für Triebsterben
	Goldtraube	ab Mitte August	hoch	gut	widerstandsfähig gegen Triebwelke

Fortsetzung von Seite 33

Vor dem Einpflanzen sollten die Wurzeln zunächst gründlich gewässert werden. Containerware stellt man so lange in Wasser, bis keine Luftblasen mehr aus dem Ballen aufsteigen. Blanke Wurzeln werden einfach einige Stunden vor dem Einpflanzen gewässert.

Schon in der Gärtnerei sollte man darauf achten, keine Pflanzen auszuwählen, deren Wurzelballen vollständig ausgetrocknet sind. Denn dann ist eine Schädigung der Wurzeln nicht ausgeschlossen. Bei Heidelbeeren und Taybeeren empfiehlt sich immer der Kauf von Containerware.

Zur Info

Vorsichtig auswählen

Bei der Auswahl des Pflanzgutes sollte man auf einige Dinge besonderes Augenmerk legen:

- *Immer auf Pflanzen mit kräftigen Trieben achten, die weder trocken noch beschädigt aussehen.*
- *Der Erdballen bei Containerpflanzen darf nicht ausgetrocknet sein.*
- *Pflanzen mit blanken Wurzeln dürfen noch keine Blattansätze zeigen.*
- *Die Triebe sollten glatt sein und keine Risse oder Verletzungen aufweisen.*
- *Der Wuchs sollte kompakt sein, die Pflanzen dürfen nicht hoch aufgeschossen sein.*

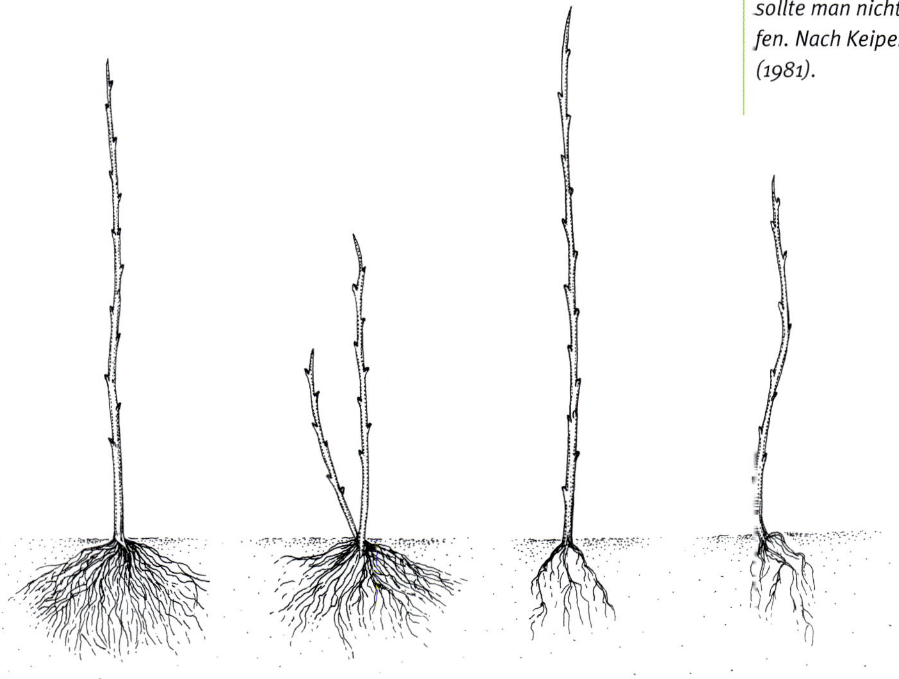

Beim Kauf von Sträuchern sollte man auf ausreichende Qualität des Pflanzguts und kräftige Bewurzelung achten. Die beiden Himbeerpflanzen links sind ausreichend bewurzelt, wenig bewurzelte Pflanzen (rechts) sollte man nicht kaufen. Nach Keipert (1981).

Den Boden vorbereiten

Bevor Beerensträucher neu gepflanzt werden, sollte der Boden gründlich gelockert und je nach Beschaffenheit verbessert werden. Bei schweren und stark lehmigen Böden empfiehlt es sich Komposterde oder gut verrotteten Stallmist in die Erde einzuarbeiten, um die Durchlässigkeit und den Nährstoffgehalt zu erhöhen. Bei sehr sandigen und durchlässigen Böden sollte Kompost oder guter Humus eingearbeitet werden, damit die Wasserrückhaltekraft des Bodens verbessert wird. Bei zu stark durchlässigem Boden muss später häufig gewässert werden, da die Wurzeln schneller austrocknen. Die Bodenverbesserung kann schon einige Wochen, bevor die Pflanzen gesetzt werden, erfolgen. Bei der Heidelbeere muss durch eine entsprechende Beigabe von Torf das erforderliche saure Milieu im Boden geschaffen werden.

Wenn möglich sollte auf die Verwendung von Torf verzichtet werden, da er immer noch durch die Trockenlegung von wertvollen Moorgebieten gewonnen wird. Besser ist es auf alternative Substrate auszuweichen. Bei der Pflanzung von Heidelbeeren kann man aber auf Torf meist nicht verzichten

Pflanzen

Das Pflanzloch sollte mindestens doppelt so groß wie der Wurzelballen sein. Bevor die Pflanze eingesetzt wird, sollte die Erde an den Wänden des Pflanzloches auch noch gut gelockert werden, damit die Wurzeln leicht eindringen können. Bei Pflanzen mit blanken Wurzeln sollten diese auf eine Anhäufung von lockerer Erde gesetzt und vorsichtig nach allen Seiten ausgebreitet werden.

Die Pflanztiefe ist von Art zu Art verschieden. Brombeeren und Himbeeren sowie deren Kreuzungen sollten höchstens so tief gesetzt werden, dass die obersten Wurzeln nicht mehr als 5 cm mit Erde bedeckt sind. Johannisbeeren werden so tief gepflanzt, dass der Wurzelhals (die Stelle, an der die Triebe aus dem Stock herauskommen) von Erde bedeckt ist. Stachelbeeren werden dagegen höher gepflanzt. Hier sollte der Wurzelhals ebenerdig liegen. Dasselbe gilt für die Jostabeere. Heidelbeeren werden in der Regel als Containerware angeboten. Sie sollten etwas tiefer eingepflanzt werden, als sie zuvor im Topf gestanden haben.

Zur Info

Heidelbeeren pflanzen

Ist der Gartenboden für Heidelbeeren eigentlich ungeeignet, muss man dennoch nicht auf sie verzichten:
Das großzügig ausgehobene Pflanzloch sollte mit Folie oder Vlies ausgekleidet werden. Die Folie sollte kleine Löcher haben, um Staunässe zu verhindern. Dann erst füllt man das entsprechende Pflanzsubstrat ein. So bleibt der notwendige niedrige pH-Wert im Boden besser erhalten. Auch das Anpflanzen in einem großen Kübel ist möglich.

Pflanz- und Erziehungsschnitt

Viele Beerensträucher werden nach dem Pflanzen radikal zurückgeschnitten. Hierdurch wird das Wachstum angeregt und gleichzeitig können die Sträucher somit schon in die ge-

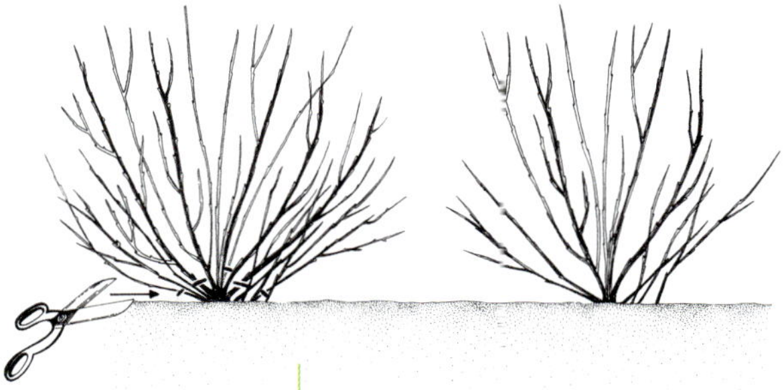

Ein Johannisbeerstrauch muss nach dem Pflanzen und anschließend regelmäßig geschnitten werden. Triebe, die älter als 4 Jahre sind, werden weggeschnitten. Nach Keipert (1981).

wünschte Form gebracht werden. Wird keine Containerware gekauft, sondern eine Pflanze ohne Erdballen, schneidet in der Regel schon das Fachpersonal in der Gärtnerei oder der Baumschule die Wurzeln, damit nach dem Einsetzen das Wurzelwachstum möglichst gut angeregt wird.

Bei Himbeeren sollten nach dem Pflanzen alle Ruten in 20 bis 30 cm Höhe auf ein Auge zurückgeschnitten werden. Die Früchte bilden sich an den Seitentrieben im zweiten Jahr, daher ist im ersten Sommer noch nicht mit einer Ernte zu rechnen.

Bei Brombeeren werden nach dem Pflanzen alle Triebe auf etwa 25 cm Höhe abgeschnitten. Da Brombeeren am zweijährigen Holz tragen, beginnen die Pflanzen also erst im zweiten Sommer zu fruchten.

Der Pflanzschnitt von Johannisbeeren und Stachelbeeren erfolgt weitgehend nach demselben Prinzip. Nach dem Pflanzen werden nur die fünf kräftigsten Triebe belassen und auf die halbe Länge gekürzt. Sind weniger Triebe vorhanden, werden diese auf zwei bis drei Augen zurückgeschnitten, damit der Stock stärker austreibt. Bei Hochstämmchen zieht man eine Krone mit sechs Leitästen. Alle aus dem Stamm sprießenden Triebe werden entfernt. Die Verlängerungstriebe der Leitäste werden jährlich auf fünf Augen, deren Seitentriebe auf drei Augen zurückgeschnitten.

Jostabeeren benötigen nicht unbedingt einen Pflanzschnitt, werden in der Regel aber wie Schwarze Johannisbeeren behandelt.

Heidelbeeren werden gewöhnlich als zwei- bis dreijährige Containerpflanzen angeboten. Normalerweise müssen nach dem Pflanzen nur eventuell beschädigte Triebe eingekürzt werden. Ansonsten ist in den ersten Jahren nicht unbedingt ein Schnitt erforderlich. Um das Triebwachstum – vor allem bei schwächeren Pflanzen – anzuregen, können jedoch beim Pflanzen alle Triebe um ein Drittel eingekürzt werden.

Stachelbeeren tragen die besten Früchte am Vorjahresholz. Nach dem Pflanzen werden nur die kräftigsten Triebe belassen und auf die halbe Länge gekürzt

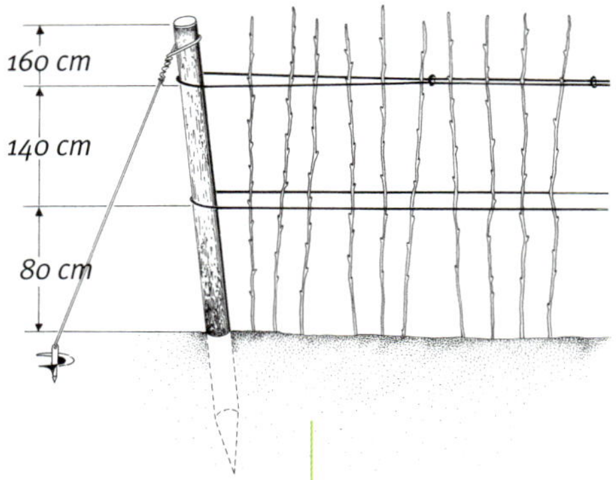

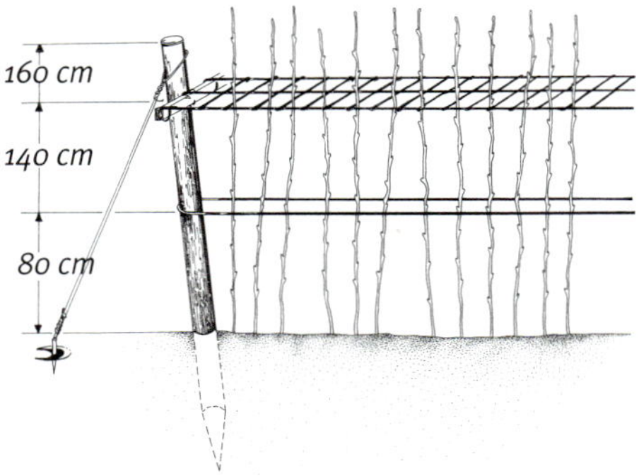

Links: So sieht ein einfaches Erziehungssystem für Himbeeren aus: Zwei horizontale Drähte stabilisieren die Ruten. Rechts: Remontierende Himbeeren werden am besten mit Hilfe eines Drahtgitters im oberen Drittel stabilisiert. Nach Metzner (1991).

Erziehen

Für sommertragende Himbeeren hat sich die Erziehung an einem Gerüst mit zwei oder drei horizontalen Drähten am besten bewährt. Ernte- und Schnittarbeiten werden erheblich erleichtert, wenn man eine Trennung von Jung- und Tragruten vornimmt. Die remontierenden (herbsttragenden) Himbeersorten sind kompakter im Wuchs als die Sommerhimbeeren. Sie tragen die Früchte am oberen Drittel der diesjährigen Ruten. Es empfiehlt sich ein Drahtrahmen, damit die Triebe nicht abknicken.

Als Einzelpflanzen können Himbeeren mit einem einfachen Pfahl als Stütze erzogen werden.

Bei Brombeeren können die aufrecht wachsenden Sorten genauso wie Himbeeren erzogen werden. Bei rankenden Sorten kann man eine Spaliererziehung vornehmen.

Auch hier ist es sinnvoll eine Trennung von Jung- und Tragruten (Palmettenerziehung) vorzunehmen, um die Ernte und den jährlichen Schnitt zu erleichtern. Die Ranken werden in verschiedenen Höhen entlang der Drähte gezogen. Somit wird der zur Verfügung stehende Platz optimal ausgenutzt und die Ernte wird erleichtert, weil die Tragruten leichter zugänglich sind. Außerdem stehen

Zur Info

Fächer und Palmette

Bei der Spaliererziehung unterscheidet man Fächer- und Palmettenerziehung.

Bei der Fächererziehung werden die Ruten in V-Form gleichmäßig nach rechts und links verteilt angebunden. Bei der Palmettenerziehung werden alle Ruten eines Jahres jeweils auf eine Seite gebunden, so dass die Tragruten abwechselnd auf der einen und im nächsten Jahr auf der anderen Seite stehen.

Himbeeren werden am besten an einem Drahtgerüst gezogen, die Ruten werden angedrahtet

Sorten und Anbau

die Triebe nicht so dicht, wodurch eine bessere Luftzirkulation entsteht. Das vermindert die Anfälligkeit für Krankheiten.

Bei Taybeeren empfiehlt es sich eine Spaliererziehung vorzunehmen, da sonst die langen, biegsamen Ruten auf dem Boden aufliegen, besonders unter der Last der zum Teil recht reichen Ernte. Drei bis vier im Abstand von 60 cm waagerecht zwischen zwei kräftigen Pfählen gespannte Drähte reichen aus. Auch für die Erziehung vor einer Wand oder einem Zaun sind Taybeeren geeignet.

Büsche und Hochstämmchen von Johannisbeeren und Stachelbeeren werden durch den regelmäßigen Erhaltungsschnitt in Form gehalten. Bei Hochstämmchen empfiehlt sich zumindest bei jungen Pflanzen eine zusätzliche Stütze des Stammes. Hierdurch wird einfach ein stabiler, nicht zu dicker Holzpflock, der bis unter die Krone reicht, sofort beim Pflanzen dicht neben dem Stamm eingeschlagen, wobei natürlich darauf geachtet werden muss, dass die Wurzeln nicht beschädigt werden. Mit einer Schlinge, die zu einer Acht geformt ist, werden Stamm und Pflock miteinander verbunden, so dass der Pflanze Halt gegeben wird, aber sie noch einen gewissen Spielraum hat.

Starkwüchsige Sorten lassen sich auch als Hecken oder Spaliere erziehen. Hier bietet sich ein Gerüst aus drei waagerecht zwischen zwei stabilen Pflöcken gespannten Drähten mit jeweils 60 cm Abstand an. Die einzelnen Sträucher werden im Abstand von etwa 80 cm gepflanzt, wobei man ruhig verschiedene Sorten beziehungsweise Johannisbeeren und Stachelbeeren miteinander kombinieren kann.

Die Erziehung von Johannisbeerpflanzen als Spindel wird hauptsächlich im Erwerbsanbau angewendet und hat für den Hausgarten weniger Bedeutung. Sie bietet sich nur an, wenn extrem wenig Platz zur Verfügung steht oder wenn auf wenig Raum mehrere Pflanzen untergebracht werden sollen. Bei Spindeln wird nur ein Haupttrieb belassen, der nach dem

Ein Erziehungssystem für Brombeeren ist die Palmette, bei der Jung- und Tragruten getrennt werden. Nach Keipert (1981).

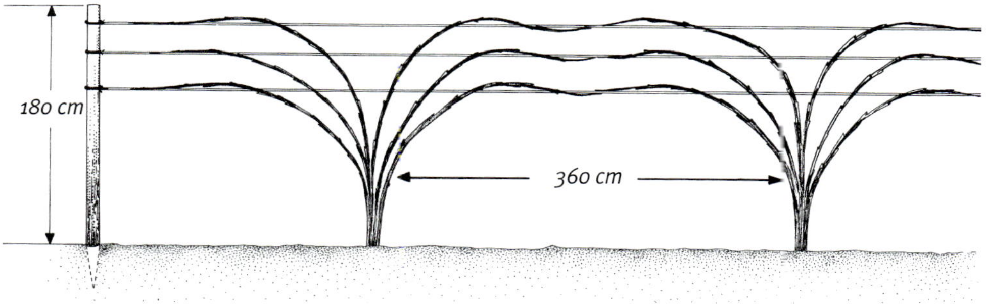

Pflanzen um die Hälfte gekürzt wird. Die Pflanzen können an Bambusstangen gezogen werden, die wiederum an quer gespannten Drähten in 60 und 120 cm Höhe befestigt werden. Sie können aber auch direkt am Draht befestigt werden. Man kann sie so als Hecken ziehen. Eine Spindel sollte nicht höher als 1,60 m werden. Die Seitentriebe werden im ersten Sommer auf vier bis fünf Augen gekürzt. Nach der Ernte werden sie auf ein Auge zurückgeschnitten. Bis der Leittrieb die gewünschte Höhe erreicht hat, wird das neue Holz auf etwa 15 cm eingekürzt.

Jostabeeren werden gewöhnlich als Einzelsträucher gezogen, wobei sie etwas mehr Standraum benötigen als die Elternarten. Sie werden wie Schwarze Johannisbeeren erzogen.

Heidelbeeren wachsen als ausladende, hohe Büsche mit bis zu 1,80 m Höhe und werden ähnlich wie die Johannisbeere erzogen.

Beerensträucher pflegen

Der Erhaltungsschnitt

Gerade bei Beerensträuchern ist der Erhaltungsschnitt sehr wichtig, um die Pflanzen gesund zu halten und für einen beständigen, hohen Ertrag zu sorgen.

Bei Himbeeren werden im ersten Jahr nur die drei kräftigsten Ruten belassen. Sie tragen im darauffolgenden Jahr und werden nach der Ernte über dem Boden abgeschnitten. Im dritten Jahr belässt man sieben kräftige Ruten, wenn sie etwa 30 cm hoch sind, und schneidet alle anderen dicht über dem Boden ab. Nach dem Abschneiden der abgeernteten Tragruten werden die fünf besten Jungruten belassen und am Gerüst befestigt. Werden diese über zwei Meter lang, werden sie im Spätwinter etwa 20 cm über dem obersten Draht abgeschnitten. Von nun an sollten nicht mehr als zehn Ruten pro laufendem Meter Himbeerreihe belassen werden. Die Tragruten werden immer nach der Ernte dicht über dem Boden abgeschnitten.

Da Ertrag und Qualität der Sommerernte bei den remontierenden Sorten nicht so gut sind, sollte man auf die Sommerernte verzichten, um einen höheren Herbstertrag zu erreichen

Bei remontierenden Sorten hat man zwei Schnittmöglichkeiten. Will man zweimal im Jahr ernten, werden Ende Oktober nur die oberen, abgetragenen Teile der Ruten abgeschnitten, die unteren Teile verbleiben für die Sommerernte. Sobald diese abgeerntet sind, werden auch sie dicht über dem Boden weggeschnitten.

Schnittarbeiten erledigt man am besten im Herbst oder Winter

Älteres Holz wird bei Himbeeren konsequent herausgeschnitten

Sorten und Anbau

Bei remontierenden Sorten, die im Sommer nicht tragen sollen, werden nach der Ernte alle Ruten dicht über dem Boden abgeschnitten, so dass die nächste Ernte erst im darauffolgenden Spätsommer erfolgt.

Um den Erhaltungsschnitt zu erleichtern, ist es sinnvoll, Brombeerruten bei der Erziehung am Spalier in Jung- und Tragruten zu trennen (ähnlich wie bei der Palmette, siehe Seite 41). Im ersten Jahr zieht man drei bis vier Triebe in einer Richtung am Spalier. Diese Ruten tragen im Folgejahr und werden nach der Ernte bodennah abgeschnitten. Die neuen Triebe werden zur anderen Seite gezogen. Somit wechselt sich die Seite der zu beerntenden Ruten von Jahr zu Jahr ab. Bei mehrjährigen Pflanzen sollte man etwa sechs Tragruten jährlich belassen.

Wichtig ist außerdem der Sommerschnitt. Die häufig sehr langen Geiztriebe werden auf zwei bis drei Augen gekürzt. Außerdem werden alle überflüssigen und schwachen Triebe dicht über dem Boden abgeschnitten.

Aufrecht wachsende Brombeeren werden so geschnitten wie Himbeeren. Um die Anzahl der Früchte zu erhöhen, empfiehlt es sich jedoch die Jungtriebe zu pinzieren, wenn sie etwa 1,5 m lang sind. Die dadurch austreibenden Seitentriebe dürfen im Sommer nicht länger als 60 cm wachsen und werden im Frühjahr noch einmal auf 30 cm gekürzt. Dadurch werden wesentlich mehr Früchte gebildet.

Zur Info

Was ist Pinzieren?

Als Pinzieren bezeichnet man das Entfernen der krautigen Triebspitzen von Pflanzen. Dadurch wird eine Seitenverzweigung und eine verstärkte Blütenknospenbildung bewirkt.

Der Erhaltungsschnitt bei Taybeeren erfolgt nach demselben Prinzip wie bei Brombeeren.

Bei Johannisbeeren gibt es einige Regeln für den Erhaltungsschnitt:

- Der Schnitt kann nach der Ernte erfolgen, spätestens jedoch im Frühjahr.
- An einem Strauch sollte kein Trieb älter als vier Jahre alt sein.
- Insgesamt reichen acht bis zehn Triebe pro Strauch aus, wobei von jeder Altersstufe (ein bis vier Jahre) jeweils zwei bis drei Triebe vor-

Alle Schnittarbeiten müssen mit sauberen, scharfen Werkzeugen durchgeführt werden. Nur scharfe Klingen sorgen für einen glatten Schnitt, der weniger anfällig für das Eindringen von Krankheitserregern ist als eine ausgefranste Schnittstelle

Der Erhaltungsschnitt bei Johannisbeeren kann direkt nach der Ernte erfolgen

handen sein sollten. Schwache Triebe und das dunkel gefärbte Altholz werden dicht über dem Boden entfernt.

Schwarze Johannisbeeren und Stachelbeeren tragen die besten Früchte am Vorjahresholz, daher kann bei ihnen das ältere Holz konsequent herausgeschnitten werden.

Ausnahmen bei Johannis- und Stachelbeeren bieten die schon oben erwähnten Spindeln. Hier wird nur ein Haupttrieb belassen, dessen neues Holz jährlich auf 15 cm eingekürzt wird, bis er die maximale Höhe von 1,60 m erreicht hat. Die abgeernteten Triebe werden immer auf ein Auge zurückgeschnitten.

Bei Jostabeeren tragen die Triebe über viele Jahre, daher ist ein Schnitt nicht so häufig erforderlich. Nur bodennahe und waagrechte Basistriebe werden jährlich entfernt, um den aufrechten Wuchs des Strauches zu erhalten.

Heidelbeeren ähneln im Strauchaufbau den Johannisbeeren, sie wachsen jedoch wesentlich langsamer und werden viel älter. Die besten Früchte wachsen am ein- und zweijährigen Holz. Alte und schwache Triebe werden bodennah herausgeschnitten. Somit werden junge und kräftige Triebe gefördert, die einen dichten Wuchs und eine reiche Ernte gewährleisten. Um einen guten Ertrag zu erhalten, benötigt man nicht mehr als acht kräftige Hauptäste.

Als einfache und Wasser sparende Methode hat sich die Tropfbewässerung bewährt. Hierzu werden mit Löchern versehene Schläuche auf dem Boden zwischen den Sträuchern verlegt. Die Pflanzen erhalten so alle die gleiche Wassermenge, die direkt zu den Wurzeln geleitet wird

Überalterte oder zu hoch gewachsene Heidelbeersträucher – zum Beispiel in alten Gärten – lassen sich durch einen radikalen Rückschnitt verjüngen

Mulchen, Wässern, Düngen

Alle hier beschriebenen Beerenarten benötigen eine ausreichende Bewässerung. Besonders Brom- und Himbeeren danken eine gleichmäßige Wasserversorgung während der Blüte- und Reifezeit mit großen Früchten. Dabei ist natürlich darauf zu achten, dass es nicht zu Staunässe kommt, da dies zu der gefürchteten Wurzelfäule führen kann. Gut durchlässige, mittelschwere Böden sind daher optimal.

Der Boden um die Pflanzen sollte mit organischem Material abgedeckt werden, um ein zu schnelles Austrocknen der Erde zu verhindern und die Pflanzen kontinuierlich mit Nährstoffen zu versorgen.

Heidelbeeren benötigen für ein gesundes Wachstum eine Symbiose mit einem Wurzelpilz, die so genannte Mykorrhiza. Der Pilz kann sich am besten in einer Mulchdecke mit einem hohen Holzanteil ansiedeln, zum Beispiel in Rindenhumus möglichst von Nadelbäumen oder auch in Säge- und Hobelspänen. Die Mulchdecke sollte jährlich im Herbst erneuert werden. Da durch den Mulch Stickstoff aufgezehrt wird, sollte als Ausgleich ein säurebetonter Stickstoffdünger wie zum Beispiel Ammonsulfatsalpeter gegeben werden.

Bei zu kalkhaltigen Böden kann es vorkommen, dass die Blätter von Heidelbeersträuchern gelb werden und absterben. Dies kann die Folge einer durch Eisenmangel verursachten Chlorose sein. Daher ist die richtige

Zur Info

Mykorrhiza

Als Mykorrhiza bezeichnet man die Lebensgemeinschaft zwischen einem Pilz und den Wurzeln einer höheren Pflanze, von der beide Seiten profitieren (Symbiose).

Im Fall der Heidelbeere wachsen die Hyphen der Pilze in die Wurzelzellen ein. Es kann sich außen an den Wurzeln ein umfangreiches Myzel bilden. Hierdurch werden Nährstoffe, die von den Pilzen im Boden besser erschlossen und aufgenommen werden können, an die Pflanze weitergeleitet.

Bodenvorbereitung wichtig. Alle anderen Arten werden am besten mit verrottetem Stallmist gemulcht. Wird der Mulch jährlich erneuert, spart man sich so eine zusätzliche Düngergabe. Als Mulch eignet sich jedoch auch Mischlaub. Werden Holzhäcksel als Mulchmaterial verwendet, ist allerdings eine Ausgleichsdüngung erforderlich.

Soll doch eine Düngung mit mineralischen Düngern erfolgen, sollte auf chloridfreie Düngemittel geachtet werden. Um den genauen Nährstoffbedarf zu ermitteln, empfiehlt sich eine Bodenanalyse, bevor bestimmte Düngerpräparate angewendet werden. Sowohl staatliche als auch nichtstaatliche Stellen bieten solche Bodenuntersuchungen als Dienstleistung an (siehe Seite 80).

Himbeeren, Johannisbeeren und Stachelbeeren vertragen wegen der flach verlaufenden Wurzeln keine Bodenbearbeitung. Auch aus diesem Grund ist eine dauerhafte Mulchdecke von Vorteil, da sie den Unkrautbewuchs in den ersten Standjahren verringert. Auch sollte ein unnötiges Verdichten der Erde vermieden werden, wobei besonders Himbeeren darauf empfindlich reagieren.

Pflanzenschutzmaßnahmen

Die beste Garantie für gesunde und starke Pflanzen sind optimale Standortbedingungen, gewissenhafte Pflege (richtiges Schneiden, Mulchen) und die Wahl von resistenten und für die klimatische Lage geeignete Sorten. Sollte es dennoch zu einem Krankheits- oder Schädlingsbefall kommen, hilft meistens nur ein rigoroses Herausschneiden der befallenen Triebe bis ins gesunde Holz. Krankes oder von Schädlingen befallenes Pflanzmaterial sollte verbrannt oder aus dem Garten entfernt werden, damit sich die Erreger nicht weiter vermehren und es zu einem erneuten Befall kommt.

Zur Info

Werkzeuge reinigen

Müssen kranke Pflanzenteile abgeschnitten werden, sollte das Werkzeug danach immer sofort gründlich gereinigt und desinfiziert werden.

Ansonsten besteht die Gefahr, dass schädliche Viren oder Bakterien durch das Werkzeug auf andere Pflanzen übertragen werden. Am einfachsten desinfiziert man mit heißem Wasser (über 60 °C, am besten kochend) oder mit vergälltem Alkohol aus der Apotheke.

Krankheiten und Schädlinge

Selbst bei widerstandsfähigen Sorten, einem geeigneten Standort und optimaler Pflege kann es doch aufgrund verschiedener Ursachen immer einmal zum Befall einzelner Beerenpflanzen mit Schädlingen, Bakterien oder Viren kommen. Im Folgenden werden die wichtigsten Krankheiten und Schädlinge von A bis Z beschrieben und erklärt, wie Sie am besten vorbeugen, wie Sie kranke oder befallene Pflanzen erkennen und was bei einem Befall zu beachten ist.

Der Amerikanische Stachelbeermehltau ist erkennbar an einem mehligen Belag auf Trieben, Blättern und Früchten

Amerikanischer Stachelbeermehltau

Hierbei handelt es sich um die bedeutendste Krankheit, die Stachelbeeren und auch Schwarze Johannisbeeren befallen kann. Erkennbar ist die Krankheit an einem weißlichen, mehligen Belag, der die Triebspitzen und die Blätter, aber auch die Früchte überziehen kann. Der Pilz *Sphaerotheca mors-uvae* überwintert in den befallenen Trieben, und zwar vorwiegend in den Knospen der befallenen Triebspitzen. Daher ist es bei Befall wichtig, alle betroffenen Triebe bis ins gesunde Holz auszuschneiden und zu vernichten (verbrennen oder aus dem Garten entfernen), damit die Erreger nicht überleben. Vorbeugende Maßnahmen sind ein starker Winterschnitt, wodurch die Pflanzen gut belüftet werden. Auch das abendliche Sprengen des Beerengartens sollte vermieden werden, um dem Pilz nicht das benötigte feuchte Milieu zum Wachstum zu bieten. Die Widerstandskraft der Pflanzen lässt sich durch gute Pflege und ausreichende Nährstoffversorgung insbesondere mit kalibetontem Dünger verbessern. Bei Neupflanzung sollte man auf jeden Fall bei Stachelbeeren und Schwarzen Johannisbeeren nur gegen diesen echten Mehltau resistente oder unempfindliche Sorten wählen.

Auch die anderen Beerenarten können gelegentlich von Mehltau befallen werden. Dann gelten dieselben Vorbeuge- und Bekämpfungsmaßnahmen

Blattfallkrankheit

Die Blattfallkrankheit wird durch den Pilz *Drepanopeziza ribes* hervorgerufen und tritt besonders in feuchten Jahren bei Johannisbeeren und Stachelbeeren auf. Erste Anzeichen sind 1 bis 3 mm große violette bis braune Flecken auf den Blättern. Diese vergilben anschließend und fallen vorzeitig ab. Der Erreger überwintert auf dem abgefallenen Laub. Daher muss es unbedingt im Winter entfernt werden. Es empfiehlt sich Sorten anzupflanzen, die gegen die Blattfallkrankheit resistent oder wenig anfällig sind.

Botrytis

Auch *Botrytis cinerea*, der Erreger des so genannten Grauschimmels, gehört zu den Pilzen. Er verursacht einen gräulichen Belag auf Ruten und Früchten, insbesondere bei Himbeeren und Brombeeren. Vor allem in feuchten Jahren findet der Pilz optimale Wachstumsbedingungen.

Neben anderen Pilzen gehört der Grauschimmel auch zu den Verursachern der Fruchtfäule, vor allem bei Himbeeren und Brombeeren, seltener bei Johannisbeeren. Daher sollte man bei den betreffenden Arten auf widerstandsfähige Sorten achten.

Gallmilben

Gallmilben sind winzige Spinnentiere, die sich in Pflanzengewebe einnisten und den Pflanzensaft saugen. Dabei verursachen sie Wucherungen, die so genannten Gallen, an den Trieben der Pflanzen.

Einen Befall mit Johannisbeergallmilben (*Cecidophyopsis ribis*) erkennt man an kugelig aufgeschwollenen Knospen, die nicht austreiben, sondern vertrocknen und schließlich abfallen. Bei schwachem Befall sollte man im Winter alle befallenen und verdächtig aussehenden Knospen herausbrechen. Bei starkem Befall hilft nur das Abschneiden der betroffenen Triebe, die dann vernichtet werden sollten.

Bei Befall mit Johannisbeergallmilben sollten verdächtig aussehende Knospen entfernt werden

Auch bei Brombeeren können sich Gallmilben in den Knospen ansiedeln. Durch die Saugtätigkeit der Brombeergallmilben (*Acalitus essigi*) bleiben die Früchte dann rot, hart und sauer, sind also ungenießbar. Befallene Früchte dürfen nicht an der Pflanze verbleiben, sondern sollten sofort entfernt und vernichtet werden. Nach der Ernte sollten auch die Ruten so schnell wie möglich abgeschnitten und vernichtet werden.

Die beste Vorbeugung gegen Gallmilben ist das Anpflanzen von wenig anfälligen Sorten

Himbeerkäfer

Wer kennt sie nicht, die kleinen Maden, die sich bevorzugt in reifen Himbeeren aufhalten und uns immer dazu veranlassen, vor dem Verzehr einer frisch gepflückten Himbeere einen prüfenden Blick in die Frucht zu werfen. Hierbei handelt es sich um die Larve des Himbeerkäfers (*Byturus tomentosus*), der besonders bei schwülwarmem Wetter die Blüten befällt und gerne die Staubgefäße abfrisst. Die 5 mm großen, hellbraunen Käfer sind oft schon an den Knospen zu beobachten. Sie legen später ihre Eier an junge Früchte. Die Larven entwickeln sich dann im Innern der Frucht. Eine wirksame Bekämpfung mit biologischen Spritzmitteln gelingt nur, wenn sie sofort bei Zuflug der Käfer erfolgt.

Rankenkrankheit

Die Rankenkrankheit tritt vorwiegend bei Brombeeren auf. Der Pilz *Rhabdospora ramealis* befällt die Ranken anfälliger Brombeersorten (zum Beispiel 'Theodor Reimers'). Im Sommer entwickeln sich bis zu 2 cm große, rötliche, später verbräunende Flecken. Befallene Ranken kümmern oder sterben ab.

Befallene Brombeerranken sollten sofort weggeschnitten werden

Rotpustelkrankheit

Diese Krankheit tritt bevorzugt bei Johannisbeeren auf, kann aber auch Stachelbeeren befallen. Erreger sind Pilze der Gattung Nectria, die durch Wunden im Holz in die Pflanze eindringen. Sie verursachen orangerote Pusteln auf den Trieben und führen schließlich dazu, dass die Zweige absterben. Eine wichtige Bekämpfungsmaßnahme ist das Zurückschneiden der Triebe bis ins gesunde Holz.

Rutenkrankheit

An der Rutenkrankheit, die vorwiegend bei der Himbeere auftritt, sind verschiedene Pilze beteiligt (*Didymella applanata*, *Leptospheria coniothyrium*, seltener *Elsinoe veneta*). Als Eintrittspforten für die Erreger dienen Rindenrisse, Blattnarben, Schürfwunden und Verletzungen, die von der Rutengallmücke stammen. Besonders bei Blattansatzstellen bilden sich zunächst violettbraune oder purpurrote Flecken, die sich später weißlichgrau verfärben.

Optimale Wachstumsbedingungen und regelmäßige Wasserversorgung sind die beste Vorbeugung gegen die Rutenkrankheit

Zu dicke Ruten sollten entfernt werden, da sie leicht Rindenrisse bekommen. Bei Pflegemaßnahmen ist darauf zu achten, dass keine Verletzungen an der Rute entstehen. Abgetragene Ruten sollten sofort nach der Ernte herausgeschnitten und aus der Anlage entfernt werden. Auch Knickstellen an den Ruten sind Pforten für die Pilzsporen, daher sollte man die Ruten regelmäßig hochbinden.

Virusübertragende Blattläuse

Virusbefall kann zu den unterschiedlichsten Krankheitsbildern führen.

Zur Info

Was ist Verrieseln?

Verrieseln bedeutet bei Johannisbeeren, dass in den ersten vier Wochen nach der Blüte junge Früchte in mehr oder weniger großen Mengen abfallen.

Für das Verrieseln kann es unterschiedliche Gründe geben: genetische Veranlagung bei bestimmten Sorten, ungenügende Befruchtung, ungünstige Witterung, zu dichte Pflanzen und schlechte Standortbedingungen. Es empfiehlt sich solche Sorten auszuwählen, die wenig zum Verrieseln neigen.

Bei Johannisbeeren sollte man Sorten wählen, die nicht verrieseln

Eine Brombeerblüte als Bienenweide: Bienen sind die wichtigsten Blütenbestäuber bei Beerenobst

Das Problem dabei ist, dass es gegen Viren keine Bekämpfungsmöglichkeiten gibt. Daher muss man schon im Vorfeld versuchen einen Befall möglichst zu vermeiden. Viren werden unter anderem durch Läuse, Milben und Nematoden übertragen. Bei Beerenobst erfolgt die Infektion hauptsächlich durch Blattläuse. Neben den allgemein üblichen Methoden zur Blattlausbekämpfung wie Absammeln beziehungsweise Zerdrücken, Abspritzen mit einem scharfen Wasserstrahl, Spritzen mit Schmierseifenlösung oder Einsetzen von Nützlingen als Blattlausvertilger sollte man vorbeugend möglichst Sorten anpflanzen, die als virustolerant beziehungsweise blattlausresistent bezeichnet werden.

Wurzelfäule

Wurzelfäule ist eine Krankheit, die durch Staunässe begünstigt wird. Erreger sind Pilze der Gattung *Phytophthora*. Die beste Vorbeugung dagegen ist eine gründliche Bodenvorbereitung. Durch Verbesserung des Bodens mit Kompost, Kies oder Sand oder das Anpflanzen auf Erddämmen wird die benötigte Durchlässigkeit erreicht. Dosiertes Wässern und die Kontrolle, ob das Wasser beispielsweise bei starkem Regen auch ablaufen kann, sind wichtig. Befallene Pflanzen sollten sofort aus dem Garten entfernt werden, da der Erreger schnell auf gesunde Pflanzen übergreift.

Besonders anfällig für Wurzelfäule sind Himbeeren. Daher sollte man bei ihnen auf Phytophthora-resistente beziehungsweise wenig anfällige Sorten achten

Zur Info

Schutz gegen Vögel

In manchen Gegenden machen sich Vögel gerne über reifes Beerenobst, insbesondere Johannisbeeren, her.

Der wirksamste Schutz dagegen ist das Überziehen der Sträucher vor der Reife der Früchte mit Vogelnetzen. Nachteil ist, dass sich in den Netzen Vögel verfangen und nicht wieder allein befreien können. Deshalb müssen solche Netze unbedingt regelmäßig, am besten mehrmals täglich, kontrolliert werden.

Fit und Gesund

Fit und Gesund

Gesundheit aus Beeren

Frisches Beerenobst verbindet man in Gedanken meistens mit prallen, appetitlichen roten, blauen oder schwarzen Früchten, die nicht nur aromatisch schmecken, sondern auch viele Vitamine enthalten. Aber nicht nur lebenswichtige Vitamine sind in den verschiedenen Beerenarten teilweise in sehr großen Mengen vorhanden, sondern auch verschiedene Mineralstoffe und Spurenelemente, die für eine gesunde Ernährung wichtig sind. Auch viele so genannte sekundäre Pflanzenstoffe, deren Bedeutung als heilende Wirkstoffe erst in den letzten Jahren erkannt worden sind, finden sich in den bunten Früchten.

Alle in den Früchten enthaltenen gesundheitsfördernden Substanzen sind einem natürlichen Zerfall und Abbau unterworfen, das heißt sie sind nicht über unbegrenzte Zeit in den Früchten in voller Menge oder in ihrer vollen Wirksamkeit enthalten. Beispielsweise kann falsche Behandlung oder unsachgerechte Lagerung zu einem beschleunigten Abbau dieser Stoffe führen. Daher ist es gerade bei frischen Beeren wichtig, sie richtig zu lagern und zu verarbeiten, um ein möglichst gutes Aroma und die heilenden und gesundheitsfördernden Kräfte in ihnen zu bewahren.

Wer Beeren richtig erntet und schonend verarbeitet, hat noch mehr von ihrer gesundheitsfördernden Wirkung

Richtig ernten, lagern und verarbeiten

Um Früchte von möglichst optimaler Qualität zu erhalten, spielt bereits der richtige Erntezeitpunkt eine bedeutende Rolle. Die Beeren sollten bei Vollreife geerntet werden, weil sie dann das beste Aroma besitzen. Ausnahmen bilden Stachelbeeren, die in noch leicht unreifem Zustand (Grünpflücke) für die Weiterverarbeitung zu Kompott oder Kuchen verwendet werden.

Achtung! Unreif gepflückte Stachelbeeren sind nur für die Weiterverarbeitung gedacht und nicht in größeren Mengen für den Rohverzehr, da sie dann giftig wirken können

Die Früchte sollten makellos sein und schonend gepflückt werden, das heißt, sie sollten nicht unnötig gedrückt oder gequetscht werden. Die beste Erntezeit ist der Vormittag bei trockenem Wetter. Bei Regen gepflückte Beeren sind weniger aromatisch, schmecken verwässert und sind fäulnisanfälliger.

Brombeeren werden ebenso wie Taybeeren mit Zapfen, Himbeeren ohne Zapfen (Fruchtboden) geerntet.

Vollreife Himbeeren lösen sich leicht vom Zapfen

Lösen sich Himbeeren nicht leicht von den Zapfen, sind sie noch nicht reif genug. Bei der Ernte von Him- und Brombeeren muss man besonders vorsichtig vorgehen, insbesondere wenn die Früchte schon sehr reif sind, da sie leicht zerdrückt werden können. Am besten sammelt man sie in einem möglichst breiten Gefäß. Himbeeren und Brombeeren haben eine Ernteperiode über mehrere Wochen. Die Sträucher sollten in dieser Zeit regelmäßig mindestens zweimal pro Woche beerntet werden.

Johannisbeeren werden zunächst als ganzer Fruchtstand geerntet. Anschließend löst man die einzelnen Beeren von den Stielen, wobei manchmal eine Gabel hilfreich ist, mit der sie sich recht schonend abstreifen lassen. Je nach Sorte lassen sich die Johannisbeeren mehr oder weniger gut von den Stielen lösen (siehe Sortenübersicht auf Seite 35). Besondere Sorgfalt ist bei Weißen Johannisbeeren geboten, weil sie noch empfindlicher sind als ihre roten und schwarzen Verwandten.

Bei Stachelbeeren müssen vor der weiteren Verarbeitung Blüten- und Stielansätze entfernt werden, was am besten mit einem kleinen, scharfen Messer erfolgt.

Nach dem Ernten besonders von blauen oder schwarzen Früchten sind die Hände häufig hässlich verfärbt. Am einfachsten und schonendsten lassen sich diese Verfärbungen mit Zitronensaft beseitigen

Je länger Beeren nach der Ernte gelagert werden, umso mehr wertvolle Inhaltsstoffe werden abgebaut. Daher sollte man sie immer möglichst frisch verzehren

Jostabeeren werden in den jeweils zusammenhängenden kleinen Gruppen mit Stielen gepflückt. Anschließend müssen sie wie die Stachelbeeren vorsichtig „geputzt" werden, das heißt, Stiele und Blütenansätze werden entfernt.

Heidelbeeren lassen sich gewöhnlich leicht von den Stielen lösen und werden einzeln geerntet. Da sie nicht alle auf einmal reif werden, empfiehlt es sich die Sträucher alle paar Tage durchzupflücken.

Optimal ist es, wenn die Früchte am Strauch schon so trocken und sauber sind, dass man sie nur noch vor dem Verzehr zu verlesen braucht. Denn jegliches Waschen mit Wasser laugt die Früchte aus und verwässert das Aroma. Auf keinen Fall dürfen sie im Wasser liegen gelassen werden, da sie dadurch ausgelaugt werden.

Beerenobst wird nach der Ernte am besten sofort verarbeitet, da es auch bei Kühlung nur kurze Zeit haltbar ist. In einem normalen Kühlschrank bemerkt man bei Himbeeren

Blüten und Stielansätze werden bei Stachelbeeren vor der Weiterverarbeitung entfernt

Zur Info

Vorräte einfrieren

Will man sich einen Beerenvorrat anlegen, um später Marmelade daraus zu bereiten, kann man schon die pürierten und – falls gewünscht – durch ein Sieb gestrichenen Früchte einfrieren. Das aufgetaute samenlose Fruchtmus braucht dann nur noch mit Zucker vermischt zu Marmelade verarbeitet werden.

Das Vitamin C in Schwarzen Johannisbeeren ist sehr hitzebeständig und vermindert sich bei Lagerung im Laufe eines Jahres nur um 15 Prozent

und Brombeeren schon nach ein bis zwei Tagen einen erheblichen Qualitätsverlust. Wer einen Kühlschrank mit einer 0°-Zone (dem so genannten Biofresh) besitzt, sollte die Beeren dort aufbewahren. Selbst unter optimalen Bedingungen sind Himbeeren und Brombeeren höchstens eine Woche haltbar, Johannisbeeren, Stachelbeeren und Heidelbeeren etwas länger.

Sind die im eigenen Garten geernteten Mengen für den Sofortverzehr zu groß und hat man keine Zeit die Früchte sofort weiterzuverarbeiten, friert man sie am besten gleich ein. Denn auch zuvor tiefgefrorene Beeren lassen sich gut zu Marmelade, Saft oder Kompott sowie als Kuchenbelag verarbeiten.

Man sollte die Früchte immer so frisch wie möglich verzehren, da dann ihre Qualität am besten ist

Damit die Beeren nach dem Auftauen auch noch gut ihre Form behalten, sollte man sie zunächst auf einem Tablett oder Backblech nebeneinander liegend einfrieren. Sind dann die einzelnen Früchte hart gefroren, kann man sie in Gefrierbeutel oder -dosen abfüllen und als Tiefkühlware einige Monate lagern.

Nicht nur ihr hoher Vitamin-C-Gehalt macht die Beeren so gesund

Zur Saftgewinnung werden die Früchte am besten mit einer elektrischen Saftzentrifuge (Entsafter) oder einem Dampfentsafter entsaftet. Die Verwendung eines Entsafters hat den Vorteil, dass die Früchte nicht erhitzt und somit keine wertvollen Inhaltsstoffe zerstört werden. Will man Marmelade, Gelee oder länger haltbaren Saft herstellen, sollte man einen Dampfentsafter verwenden. Alternativ kann man auch die Früchte mit etwas Wasser aufkochen und dann den Saft durch ein Leinentuch oder ein feines Sieb ablaufen lassen. Das erfordert allerdings viel Zeit und die Ausbeute ist nicht so groß.

■ Was steckt in den Beeren?

Die Konzentrationen von Vitamin A und E und den Vitaminen des B-Komplexes sind in Beeren im Vergleich zu anderen Lebensmitteln wie Fleisch, Fisch, Getreide- oder Milchprodukten relativ gering. Daher spielen Beerenfrüchte als Quelle für diese Vitamine keine herausragende Rolle. Etwas anders sieht es schon bei Vitamin C, verschiedenen Mineralstoffen und den sekundären Pflanzenstoffen aus. Ihnen haben die Beeren ihre gesundheitsfördernde und zum Teil sogar heilende Wirkung zu verdanken.

In der nachfolgenden Tabelle sind die Mengen der wichtigsten Inhaltsstoffe, Vitamine und Mineralstoffe der einzelnen Beeren pro 100 g Frucht aufgelistet. Je nach Sorte und Reifegrad, aber auch von Jahr zu Jahr können diese Werte natürlich erheblich schwanken, daher sollen sie nur als Orientierung dienen.

Aber auch Früchte, die nach dieser Tabelle keine außergewöhnlich hohen Konzentrationen bestimmter Substanzen enthalten, besitzen andere gesundheitsfördernde Stoffe wie Gerbsäuren, Schleimstoffe, Anthozyane,

Flavonoide, Ballaststoffe (zum Beispiel Pektine) oder wichtige Spurenelemente, denen die Beeren zum Teil sogar ihre wertvolle Heilkraft verdanken.

Vitamin C

Vitamin C ist allgemein bekannt als vorbeugendes Mittel gegen Erkältungskrankheiten und gegen Mangelerscheinungen wie Skorbut. Die gesundheitsfördernde Wirkung von Vitamin C ist aber noch wesentlich umfangreicher. Vitamin C gehört neben Vitamin E, Karotenen (Carotinoiden) und den Mineralstoffen Selen, Zink, Mangan, Eisen und Kupfer zu den so genannten Antioxidanzien. Diese Substanzen wirken als „Radikalfänger“ im Organismus. Als Radikale bezeichnet man Atome oder Moleküle, die ein oder mehrere ungepaarte Elektronen besitzen. Dadurch sind sie chemisch instabil und sehr reaktiv. Um in einen stabileren Zustand zu gelangen, rauben sie anderen Verbindungen Elektronen, indem sie diese regelrecht aus den Molekülen heraussprengen. Dadurch wird die betroffene Zelle geschädigt oder gar

Die meisten Tiere können Vitamin C in ihrem Organismus selbst herstellen. Der Mensch ist dazu leider nicht in der Lage und muss diese – auch als Askorbinsäure bezeichnete – Substanz mit der Nahrung aufnehmen

Inhaltsstoffe verschiedener Beeren

Inhaltsstoff	Menge pro 100 g Frucht					
	Brombeere	Himbeere	Heidelbeere	Johannisbeere (rot)	Johannisbeere (schwarz)	Stachelbeere
Energie	29,9 kcal	33,9 kcal	42,1 kcal	43,3 kcal	57,1 kcal	44,0 kcal
Wasser	86,3 g	84,3 g	84,8 g	81,0 g	78,0 g	85,7 g
Kohlenhydrate	2,7 g	4,8 g	7,4 g	7,3 g	10,3 g	8,5 g
Eiweiß	1,2 g	1,3 g	0,6 g	1,1 g	1,3 g	0,8 g
Fett	1 g	0,3 g	0,6 g	0,2 g	0,2 g	0,2 g
Ballaststoffe	6,6 g	6,7 g	4,9 g	7,4 g	6,8 g	2,9 g
Organ. Säuren	1,7 g	2,1 g	1,4 g	2,4 g	2,6 g	1,4 g
Vitamin A	45 µg	3 µg	6 µg	7 µg	23 µg	35 µg
Vitamin C	17 mg	25 mg	30 mg	36 mg	189 mg	35 mg
Vitamin E	0,6 mg	0,7 mg	1,9 mg	0,6 mg	1,8 mg	0,6 mg
Vitamin B1	0 mg	0 mg	0 mg	0 mg	0,1 mg	0 mg
Vitamin B2	0 mg	0,1 mg	0 mg	0 mg	0 mg	0 mg
Vitamin B6	0,1 mg	0,1 mg	0,1 mg	0 mg	0,1 mg	0 mg
Kalium	190 mg	170 mg	73 mg	240 mg	341 mg	200 mg
Kalzium	45 mg	40 mg	13 mg	30 mg	53 mg	30 mg
Magnesium	30 mg	30 mg	2 mg	13 mg	17 mg	15 mg
Phosphor	30 mg	45 mg	13 mg	30 mg	40 mg	30 mg
Eisen	0,9 mg	1 mg	0,7 mg	0,9 mg	1,2 mg	0,6 mg

Quelle: Bundeslebensmittelschlüssel II.2 (Bundesinstitut für gesundheitlichen Verbraucherschutz und Veterinärmedizin, Berlin, BGVV)

zerstört. Radikale entstehen zum Beispiel durch UV-Einstrahlung, durch Aufnahme von Schadstoffen oder durch Stoffwechselstörungen. Über verschiedene Stationen des Zellstoffwechsels verursachen freie Radikale Störungen der Wachstumssteuerung. Unkontrollierte Zellteilungen können die Folge sein, was zu Krebs führen kann.

Somit können Antioxidanzien Krebs hemmen. Vitamin C soll besonders wirksam gegen Magenkrebs sein, da es schon im Magen in hohen Konzentrationen aufgenommen wird und dort die krebsverursachenden Stoffe hemmt.

Die allgemeine Stärkung der Abwehr durch Vitamin C beruht darauf, dass die weißen Blutkörperchen, welche schädliche Bakterien und Viren angreifen, eine hohe Vitamin-C-Konzentration besitzen. Sind sie also ausreichend damit versorgt, können sie aus dem Kampf mit den Krankheitserregern als Sieger hervorgehen.

Der Tagesbedarf an Vitamin C eines Menschen liegt bei durchschnittlich 100 mg. Überschüssiges Vitamin C wird mit dem Harn ausgeschieden

Auch für Allergiker ist Vitamin C von Bedeutung. Allergische Reaktionen werden durch eine übermäßige Histaminausschüttung bei Kontakt mit Allergie auslösenden Stoffen verursacht. Vitamin C wirkt hier als Antihistaminikum. Es bindet überschüssiges Histamin und baut es ab.

In Verbindung mit bioaktivem Eiweiß, wie es beispielsweise in Soja oder Hülsenfrüchten vorhanden ist, regt Vitamin C die Drüsentätigkeit und somit das sympathische Nervensystem an. Dadurch werden die Gefäße verengt und der Kreislauf aktiviert. Somit kann es auch als Mittel gegen niedrigen Blutdruck angesehen werden.

Die Produktion von Hormonen und Neurotransmittern (sind für die Weiterleitung von Nervenreizen verantwortlich) wird auch durch Vitamin C gefördert und reguliert. Somit sorgt es für einen ausgeglichenen Hormonhaushalt und die Ausschüttung von so genannten „Glückshormonen“, die unser körperliches und seelisches Wohlbefinden positiv beeinflussen.

Übrigens sollte Vitamin C nicht isoliert als Askorbinsäure, beispielsweise in Pulverform aufgenommen werden, sondern möglichst in Verbindung mit Flavonoiden, wie es beim Verzehr von frischem Obst der Fall ist. Flavonoide, die zu den sekundären Pflanzenstoffen gehören, verhindern im Körper eine Oxidation von Vitamin C und verstärken damit seine Wirkung.

Mineralstoffe

Zu den Mineralstoffen zählen unter anderen Kalzium, Kalium, Magnesium und Phosphor. Vergleicht man die Werte mit denen anderer Lebensmittel, zeigt sich, dass Beerenfrüchte als Quelle für Mineralstoffe in unserer Ernährung eine weniger große Rolle spielen, da andere Nahrungsmittel wesentlich höhere Konzentrationen der einzelnen Mineralien aufweisen. Im Vergleich: Himbeeren und Brombeeren enthalten 30 mg Magnesium pro 100 g, bei Nüssen und Getreiden liegt der Wert bei 150 bis 250 mg und darüber. Himbeeren mit einem Phosphorgehalt von 45 mg werden von Käse, Hülsenfrüchten oder Weizenkeimen um das 10- bis 20-fache überboten. Und auch der Kalziumgehalt von Schwarzen Johannisbeeren mit 53 mg ist verschwindend gering im Vergleich zu den verschiedenen Käsesorten, die zwischen 400 und über 1000 mg Kalzium pro 100 g aufweisen. Eine Ausnahme bilden hier die schon relativ hohen Werte für Kalium bei Johannisbeeren und Stachelbeeren (zwischen 200 und 340 mg pro 100 g). Der Tagesbedarf eines erwachsenen Menschen beträgt zwischen 3 und 4 g Kalium.

Kalium ist für den Elektrolyt- und Wasserhaushalt des Körpers mit verantwortlich. Alle Körperzellen benötigen Kalium, daher erklärt sich auch der hohe Tagesbedarf

Zusammen mit seinem Partner Natrium sorgt das Kalium für das Konzentrationsgefälle zwischen dem Zellinnern und der Umgebung, welches Voraussetzung für den Transport von Nährstoffen in die Zellen und Abfallstoffen aus den Zellen ist. Kaliummangel macht sich zunächst durch Störungen der Muskel- und Nerventätigkeit bemerkbar. Es kommt zu Muskelschwäche, Müdigkeit und Konzentrationsstörungen. Kalium fördert zudem eine exakte Herztätigkeit und wirkt blutdrucksenkend.

Spurenelemente

Chrom ist ein Spurenelement, das besonders in Vollkornprodukten in relativ hohen Konzentrationen vorhanden ist. Man findet es aber auch in Beerenfrüchten, wobei Heidelbeeren immerhin 10 µg Chrom pro 100 g enthalten. Der tägliche Bedarf eines Menschen liegt bei 80 µg. Ein Mangel an Chrom äußerst sich in Müdigkeit, Unruhe, Konzentrations- und Schlafstörungen, Reizbarkeit und einem abfallenden Blutzuckerspiegel, wodurch die Nervenzellen schlechter mit Energie versorgt werden. Chrom arbeitet mit dem Insulin, das die Versorgung der Zellen mit Glukose reguliert, eng zusammen. Bei Chrommangel werden die Zellen mit Glukose unterversorgt.

Auch Mangan ist ein Spurenelement, das in Heidelbeeren den recht hohen Wert von 4,8 mg pro 100 g Früchte aufweist. Der tägliche Bedarf eines Menschen liegt bei 2 bis 5 mg. Mangan ist Bestandteil einiger Enzyme des Energiestoffwechsels, der in den Mitochondrien, sozusagen den Kraftwerken der Zelle, abläuft. Daher wird Mangan im Körper so schnell wie möglich zu den Mitochondrien transportiert, wobei die Organe, die besonders viel Arbeit leisten müssen, wie Herz, Niere und Leber, sehr viele Mitochondrien in ihren Zellen enthalten. Manganmangel äußert sich in Abgeschlagenheit, Pessimismus, Unruhe, mangelnde Libido, Schwerhörigkeit oder trockene und rissige Haut. Für ein allgemeines Wohlbefinden, eine positive Stimmung und alle wichtigen Körperfunktionen wie beispielsweise die Sexualfunktionen ist also eine aus-

reichende Versorgung mit Mangan wichtig. Auch ist Mangan beim Abbau der Blutfette mit beteiligt und hilft so Arteriosklerose und Herzproblemen vorzubeugen.

Im Vergleich zu den meisten anderen Früchten besitzen Schwarze Johannisbeeren mit 1,2 mg pro 100 g den höchsten Gehalt an Eisen. Der Tagesbedarf liegt bei etwa 10 bis 15 mg, wobei sich bei Schwangeren der Bedarf verdoppelt. Eisen ist ein wichtiger Bestandteil des Hämoglobins, also des in den roten Blutkörperchen enthaltenen Blutfarbstoffs. Bei Hämoglobinmangel wird der Körper nicht ausreichend mit Sauerstoff versorgt.

Auch in einigen wichtigen Enzymen ist Eisen enthalten

Damit das in pflanzlicher Nahrung enthaltene Eisen besser vom Körper aufgenommen werden kann, sollte es immer in Verbindung mit Vitamin C verzehrt werden. Daher stellt die Schwarze Johannisbeere mit ihrem hohen Vitamin-C-Gehalt eine ideale pflanzliche Eisenquelle dar.

Flavonoide und Anthozyane

Flavonoide und Anthozyane sind so genannte sekundäre Pflanzenstoffe. Die gelben Flavonoide und die blauen Anthozyane zählen wie die Karotene oder Carotinoide zu den Pflanzenfarbstoffen. Sie verleihen den Früchten aber nicht nur ihre kräftige Farbe, sondern beeinflussen auch den Oxidationsstoffwechsel der Pflanze. Sie verbessern die Zellatmung, verlangsamen die Zellalterung und sollen auch vorbeugend gegen Krebs und Herzinfarkt wirken. Sie verhindern die Oxidation von Vitamin C im Körper und unterstützen somit dessen Wirkung. Sie sollten nie isoliert, sondern immer zusammen mit Vitaminen und Mineralstoffen, wie sie in den frischen Beeren enthalten sind, aufgenommen werden.

Die sekundären Pflanzenstoffe gehören zur Gruppe der bioaktiven Substanzen. Diese Gruppe von Verbindungen spielt bei der körpereigenen Abwehr, dem Schutz gegen Krebs und anderen Krankheiten eine wichtige Rolle

Rutin und Querzetin zählen zu den Flavonoiden, die zum Beispiel in der Himbeere nachgewiesen wurden. Die Hauptaufgabe von Rutin ist es, die Kapillargefäße zu kräftigen. Eine Schwäche äußerst sich in blauen Flecken und Zahnfleischbluten, eventuell auch in Krampfadern, Hämorriden und mangelnder Widerstandskraft gegen Infektionen.

Flavonoide stärken auch die Immunabwehr und mildern allergische Reaktionen, da sie als natürliche Antihistaminika wirken. Sie verhindern weiterhin die Verengung von Blutgefäßen, wirken somit blutdrucksenkend und beugen damit der Infarktgefahr vor.

Anthozyane sind vorwiegend in roten und blauen Früchten enthalten. Je intensiver die Farbe ist, desto größer ist die Konzentration an Anthozyanen. Daher liegt der Gehalt bei Brombeeren und Schwarzen Johannisbeeren besonders hoch, aber auch die Menge in Jostabeeren und Heidelbeeren kann sich sehen lassen. Wie die Flavonoide wirken sie auch als biogene „Radikalfänger". Die entzündungshemmende Wirkung von Schwarzen Johannisbeeren geht auch

auf eine Vorstufe der Anthozcyane zurück. Der Saft von Roten und Schwarzen Johannisbeeren hemmt schon im Vorfeld die Entstehung von schädlichen Sauerstoffradikalen.

Gerbstoffe

Im Pflanzenreich sind Gerbstoffe weit verbreitet. Sie sind in Blättern, Früchten oder Rinden enthalten. Typisch ist ihr zusammenziehender (adstringierender) Geschmack.

Nennenswerte Mengen an Gerbstoffen sind in Heidelbeeren, Brombeeren und Himbeeren sowie in Brombeerblättern enthalten. Diese Gerbstoffe liegen vorwiegend als Verbindungen von Gallussäure und Ellagsäure vor. Häufig werden diese Gerbstoffe auch als Gallotannine und Ellagtannine bezeichnet.

Die adstringierende, entzündungshemmende und leicht beruhigende Wirkung der Gerbstoffe nützt man vor allem bei der Behandlung von Entzündungen im Mund- und Rachenraum, bei Durchfällen, nervösem Magen und Darmkatarr sowie zur äußeren Behandlung von Hautausschlägen aus.

Die Ellagsäure gehört zu der großen Gruppe der so genannten Polyphenole. Dies sind Pflanzenstoffe, die wirksam gegen Krankheitserreger sind und Krebs vorbeugen. Ellagsäure kommt in Himbeeren und Brombeeren vor. Sie wirkt als Radikalfänger, verbindet sich mit karzinogenen (Krebs auslösenden) Stoffen zu ungefährlichen Substanzen und hemmt die Tumorbildung.

Der Name Ellagsäure entstand einfach durch das rückwärts gelesene Wort „Galle“

Tryptophan

Tryptophan ist eine Aminosäure. Man hat herausgefunden, dass die Wirkung bestimmter Lebensmittel als Muntermacher oder Einschlafhilfe von dem Verhältnis abhängt, in dem die beiden Aminosäuren Tryptophan und Tyrosin in ihnen enthalten sind. Je mehr Tryptophan im Verhältnis zu Tyrosin vorhanden ist, umso beruhigender ist die Wirkung und das Nahrungsmittel gilt als schlaffördernd. Es gibt sogar Gemüse und Früchte, in denen gar kein Tyrosin enthalten ist, wodurch sie eine besonders beruhigende Wirkung haben. Hierzu zählen neben Brokkoli und Auberginen die Heidelbeeren.

Statt dem bewährten Glas warme Milch vor dem Schlafengehen kann man auch ein Schälchen Heidelbeeren versuchen

Pektine

Pektine sind pflanzliche Polysaccharide, die ein hohes Wasserbindungspotenzial besitzen und dadurch für die Gelierfähigkeit von Früchten verantwortlich sind. Beeren besitzen einen mittleren bis hohen Pektingehalt, wobei unreife Früchte einen höheren Pektingehalt aufweisen als vollreife. Bei Stachelbeeren befinden sich die Pektine vorwiegend in der

Schale. Im Körper sorgen sie für eine Senkung des Cholesterinspiegels.

■ Heilen und pflegen – bewährte Hausrezepte

Brombeerblätter-Milch

Eine Hand voll getrockneter Brombeerblätter in 1/4 l Milch geben, das Ganze langsam erhitzen und kurz köcheln lassen. Danach die Milch abseihen und mit Honig gesüßt trinken. Hilft gegen Hauterkrankungen, Ekzeme oder juckende Hautausschläge.

Brombeersaft

Leicht erwärmter Brombeersaft ist ein gutes Mittel gegen Heiserkeit und hilft nervösen Kindern beim Einschlafen.

Die schleimige Substanz, welche die kleinen Kerne in den Stachelbeeren umgibt, enthält viele Pektine. In Verbindung mit den Ballaststoffen, die vorwiegend in der Schale vorhanden sind, regen sie die Magen-Darm-Tätigkeit an, fördern die Verdauung und wirken leicht abführend

Saft einer Beerenmischung

Frisch gepresster Saft von verschiedenen Beeren eignet sich hervorragend für eine kurmäßige Anwendung zur Steigerung der Abwehrkräfte. Am schnellsten und mit der größten Saftausbeute lassen sich die Früchte mit einem elektrischen Entsafter auspressen. Über einen Zeitraum von mindestens vier Wochen sollte täglich ein Glas Saft getrunken werden. Beerensaft oder -kompott hilft auch gegen Erkältungen, regt die Verdauung an und wirkt blutreinigend.

Himbeersaft

Himbeersaft stärkt und erfrischt bei Fieber und ist für Rheumatiker und Nierenkranke zu empfehlen.

Himbeeressig

Himbeeressig ist ein ausgezeichnetes Gurgelmittel bei Halsentzündungen.

Schwarze Johannisbeeren

Schwarze Johannisbeeren, roh verzehrt oder als Saft getrunken, wirken entwässernd und regen den Stoffwechsel an. Sie fördern die Durchblutung, stärken die Vitalfunktionen und helfen bei Erkältungsbeschwerden.

Tee aus Brombeer- und Himbeerblättern

Brombeer- und Himbeerblätter besitzen ein rosenartiges Aroma und sind häufig Bestandteile von Hausteemischungen, können aber auch für sich alleine entweder frisch oder getrocknet als Tee aufgebrüht werden. Der Tee hilft bei Magen- und Darmbeschwerden, gegen Erkältungen und Entzündungen im Mund- und Rachenraum und auch bei klimakterischen Beschwerden. Ein Aufguss aus Brombeerblättern kann auch für Umschläge bei Hautentzündungen verwendet werden. Himbeerblättertee hilft gegen Menstruationsbeschwerden und erleichtert die Wehen.

Getrocknete Heidelbeeren

Heidelbeeren wirken bakterientötend und entzündungshemmend. Bei leichteren oder unspezifischen Durchfallerkrankungen und Blähungen

helfen getrocknete Heidelbeeren. Über den Tag verteilt werden mehrfach jeweils 1 bis 2 Esslöffel, insgesamt aber nicht mehr als 60 g getrocknete Heidelbeeren gekaut. Aufgrund ihrer adstringierenden Wirkung helfen sie ebenso bei Entzündungen im Mund- und Rachenraum.

Zur Behandlung von Entzündungen können auch zwei bis drei Esslöffel der getrockneten Beeren mit einem halben Liter Wasser 30 Minuten lang gekocht werden. Danach seiht man die Beeren ab und spült den Mund- und Rachenraum mehrmals täglich mit der Lösung.

Tee aus Heidelbeerblättern

Die Blätter sollten vor der Fruchtreife geerntet werden. 1 Esslöffel Blätter wird mit einer Tasse Wasser etwa 10 Minuten gekocht. Danach abseihen. Der Tee wird heiß schluckweise getrunken und hilft gegen Durchfall und bei Blasenschwäche oder -entzündungen.

Stachelbeerkur

Frische Stachelbeeren sollten über mindestens 14 Tage als Kur angewendet werden. Sie wirken harntreibend, entzündungshemmend, blutreinigend und bei Rheuma und Gicht heilungsunterstützend. Außerdem wirken die frischen Beeren ebenso wie der Saft verdauungsfördernd und appetitanregend und stärken die Magen- und Darmschleimhaut.

Die heilende oder gesundheitsfördernde Wirkung von Himbeeren entfaltet sich erst richtig, wenn die Früchte erhitzt werden. Außerdem wird dadurch ihr Aroma intensiviert

Heidelbeeren gehören zu den wenigen Lebensmitteln, auf die keinerlei Allergien bekannt sind

Da sie auch gegen Arthritis, Gicht und Steinleiden helfen sollen, haben die Schwarzen Johannisbeeren in der Volksmedizin den Namen „Gichtbeere“ erhalten

Teemischung gegen Eisenmangel

Zur Vorbeugung von Eisenmangel besonders während der Schwangerschaft empfiehlt sich eine Teemischung aus Brennnesselkraut, Himbeerblättern, Johanniskraut, sowie Melissenblättern, Schafgarbenkraut und Zinnkraut. Da Ampfer- und Petersilienwurzel auch einen hohen Eisengehalt haben, kann man sie noch ergänzen. Über den Tag verteilt wird 1 Liter dieses Tees mit Zitronensaft oder dem Saft von Schwarzen Johannisbeeren getrunken.

Tee aus Blättern der Schwarzen Johannisbeere

Die Blätter sollten vor oder nach der Blüte geerntet werden. Eine Handvoll Blätter werden mit 1 Liter Wasser aufgekocht. Nach 10 Minunten abseihen. Der Tee hilft gegen Rheuma und bei Blasenerkrankungen und wirkt verdauungsfördernd. Stellt man einen Absud mit der doppelten Menge Blätter her, kann man ihn zur äußerlichen Anwendung für Umschläge oder Verbände bei Wunden und Geschwüren verwenden. Auch als Hand- oder Fußbad wirkt dieser Absud harntreibend und antirheumatisch. Er soll auch bei Migräne helfen.

Beerenmasken

Ein Brei aus frischen Beeren kann als Gesichtsmaske verwendet werden. Die in den Früchten enthaltenen Fruchtsäuren mindern Fältchen und können kleinere Sonnenschäden der Haut reparieren.

Feine Rezepte

Feine Rezepte

Beerenvielfalt auf dem Tisch

Beeren sind nicht nur pur ein Genuss, sie lassen sich auch auf so viele verschiedene Arten weiterverarbeiten, dass sie immer wieder gesunde und schmackhafte Abwechslung auf den Tisch bringen.

Wen die kleinen Samen in den Früchten stören, kann die Beeren jeweils auch pürieren, durch ein Sieb streichen und anschließend das Beerenmus zu Marmeladen, Desserts, Kuchen oder anderen Gerichten weiterverarbeiten.

Die klassische Verarbeitungsmethode für Beeren aller Art ist das Einkochen und Einlegen. Auf diese Weise werden die Früchte haltbar gemacht und stehen somit auch das restliche Jahr außerhalb der Erntesaison zur Verfügung. Wichtig beim Konservieren ist das Abtöten der schädlichen Keime, die sonst zu einem Verderben der Früchte führen würden. Bei der Zubereitung von Marmelade und Kompott erfolgt dies durch die Zugabe von Zucker und durch Erhitzen. Beim Einlegen macht man sich die keimtötende Wirkung von Alkohol und Essig zunutze. Aber auch bei der Zubereitung von Hauptgerichten kann Beerenobst eine raffinierte Note in den Speiseplan bringen. Nicht nur klassische süße Gerichte, sondern auch pikante Speisen bekommen durch Beeren das gewisse Extra.

Aus Süßspeisen aller Art sowie Kuchen und Torten sind die verschiedenen Beerenarten nicht mehr wegzudenken. Pralle Himbeeren in Verbindung mit zarten Cremespeisen sind ein Genuss. Und was wäre eine sommerliche Torte ohne die bunte Beerenvielfalt, deren Aroma in Verbindung mit Baiser, Quark- oder Sahnefüllungen besonders gut zur Geltung kommt.

Schonend vorbereiten

Besonders Himbeeren und Brombeeren, aber auch rote und weiße Johannisbeeren sind sehr empfindlich und müssen vor der Verarbeitung schonend behandelt werden. Deshalb ist es am besten, wenn sie bei

1 Bl	=	1 Blatt
1 EL	=	1 Esslöffel
1 P	=	1 Päckchen
1 Pr	=	1 Prise
1 TL	=	1 Teelöffel

trockenem Wetter geerntet und im Idealfall überhaupt nicht gewaschen werden. Ist das doch notwendig, sollten sie nur sanft mit Wasser abgebraust, anschließend gut abgetropft und mit Küchenkrepp vorsichtig trocken getupft werden. Schwarze Johannisbeeren, Jostabeeren, Stachelbeeren und Heidelbeeren sind weniger empfindlich und können, falls erforderlich, gewaschen werden.

Bei Johannisbeeren und Stachelbeeren ist es besonders wichtig, die Stielansätze und Blütenreste von den Beeren zu entfernen, da durch sie der Genuss beeinträchtigt werden kann. Am besten erfolgt diese Arbeit mit einem kleinen scharfen Messer.

Passende Zutaten auswählen

Alle Arten von Beeren harmonieren besonders gut mit Milchprodukten. Milchshakes mit Beerenfrüchten sind erfrischende, gesunde Sommergetränke. Mit Jogurt, Quark und Sahne lässt sich eine Vielfalt an zarten Desserts zubereiten. Bei Kuchen und Torten unterstreicht eine leichte Sahne- oder Quarkcreme das zarte Aroma. Zu säuerlichen Früchten wie Stachelbeeren oder Johannisbeeren passt eine schaumig-süße Baiserschicht besonders gut.

Bei der Verwendung von Beerenobst in Fruchtsalaten sollte man darauf achten, dass Früchte mit hohem Säuregehalt mit weniger säurehaltigem Obst kombiniert werden

Gesund zubereiten

Legt man besonderen Wert darauf, den Gehalt an Vitaminen und andere gesunden Inhaltsstoffen zu bewahren, verzehrt man die Früchte ungekocht oder nur kurz erhitzt, wie es bei den meisten Süßspeisen, Getränken und vielen Kuchen ohnehin der Fall ist. Beim Einkochen lässt sich das Erhitzen nicht vermeiden. Daher sollte man für die Marmeladenbereitung Gelierzucker verwenden und damit die Kochzeit so kurz wie möglich halten.

Eingekocht & Eingelegt

Marmelade und Gelee

Zutaten für 6–8 Gläser	
1 kg	Fruchtmasse oder
1 l	Saft
1 kg	Gelierzucker

Alle Beerenarten eignen sich hervorragend für die Zubereitung von Marmelade oder Gelee. Wen die kleinen Kerne stören, sollte Gelee aus dem Saft bereiten oder die Früchte aufkochen und vor der Weiterverarbeitung durch ein Sieb streichen. Der Saft wird am besten mit einem Dampfentsafter gewonnen. Jede Beerenart kann für sich allein oder in Kombination mit anderen Früchten verwendet werden.

Hier das Grundrezept:

- Fruchtmasse oder Saft mit Gelierzucker vermischen
- Die Masse unter Rühren aufgekochen
- Das Ganze etwa 4 Minuten brausend kochen lassen und eine Gelierprobe machen
- In saubere Gläser, am besten mit Twist-off-Deckeln, abfüllen und sofort verschließen.

TIPP
Johannisbeergelee eignet sich gut zum Verfeinern von dunklen Soßen.

Brombeeren in Essig

Zutaten für 2–3 Gläser	
1 kg	Brombeeren
1 kg	Einmachzucker
1/4 l	Weinessig

- Die Brombeeren verlesen, vorsichtig überbrausen und sofort abtropfen lassen
- Den Einmachzucker mit dem Essig aufkochen
- Die Brombeeren hinzugeben und nur kurz aufwallen lassen, damit die Früchte nicht zerfallen. Dann sofort in Gläser füllen und dicht verschließen
- Eignet sich als Beilage zu Fleischgerichten.

TIPP
Kühl und dunkel aufbewahrt sind die Brombeeren in Essig monatelang haltbar.

Heidelbeeren mit Curaçao

- Die Heidelbeeren verlesen, waschen und gut abtropfen lassen
- Mit dem Zucker vermischen und in ein verschließbares Glasgefäß füllen
- Curaçao und Rotwein darüber gießen und sofort dicht verschließen
- Mindestens vier Wochen durchziehen lassen, gelegentlich umschütteln, damit sich der Zucker schneller auflöst.

Zutaten für 1–2 Gläser	
500 g	Heidelbeeren
250 g	Zucker
½ l	Rotwein
¼ l	Curaçao

TIPP

Heidelbeeren in Curaçao genießt man pur serviert in einem Cocktailglas oder als Longdrink aufgefüllt mit Sekt.

Stachelbeer-Chutney

- Die Stachelbeeren von Stielen und Blüten befreien, waschen und abtropfen lassen
- Die Zwiebeln schälen und grob hacken
- Die Früchte mit allen Zutaten in einen großen Topf geben und eine Stunde offen kochen lassen. Gelegentlich umrühren
- Sobald die Masse eine marmeladenähnliche Konsistenz hat, in saubere Gläser füllen und sofort dicht verschließen
- Passt zu pikanten Fleischgerichten.

Zutaten für 3–4 Gläser	
1,5 kg	Stachelbeeren
250 g	Zwiebeln
200 g	Rosinen
350 g	brauner Zucker
0,7 l	Gewürzessig
1 EL	Senfkörner
20 g	Salz

TIPP

Die Stachelbeeren kann man auch ganz oder teilweise durch Jostabeeren ersetzen.

Hauptgerichte mit Beeren

Kalbsleber mit Johannisbeersoße

Zutaten für 4 Personen	
150 g	schwarze Johannisbeeren
4	Scheiben Kalbsleber
2 EL	Öl
	Salz und Pfeffer
1 EL	Essig
4 EL	süße Sahne
30 g	Butter
½ TL	Senf
2 EL	Johannisbeerlikör

- Die Johannisbeeren waschen und abtropfen lassen
- Drei Viertel pürieren und durch ein Sieb streichen
- Die Kalbsleber waschen, trocken tupfen, in Mehl wenden und in Öl von jeder Seite eine Minute braten. Mit Salz und Pfeffer würzen und warm stellen
- Den Essig zum Bratenfond geben und verdampfen lassen. Das Johannisbeerpüree dazugeben
- Wenn die Flüssigkeit eingekocht ist, die Sahne zufügen und dickflüssig einkochen lassen. Butter, Senf und Johannisbeerlikör unter die Soße rühren
- Die restlichen Johannisbeeren zugeben und mit Salz und Pfeffer abschmecken
- Die Kalbsleber auf vorgewärmten Tellern mit der Johannisbeersoße anrichten
- Dazu schmecken Kartoffelpüree oder Maiswaffeln.

TIPP
Verwendet man Himbeeren, werden die ganzen Früchte nur kurz erhitzt, damit sie nicht zerfallen.

Fisch mit Portwein-Beeren-Soße

Zutaten für 4 Personen	
4	Fischfilets (z.B: Kabeljau, Rotbarsch)
	Mehl
	Pflanzenöl zum Braten
400 g	gemischte Beeren (Heidelbeeren, Himbeeren, Brombeeren)
2 EL	Butter
3	Schalotten
60 ml	roter Portwein
60 ml	Orangensaft
	Salz und Pfeffer

- Die Fischfilets in Mehl wenden und vorsichtig von beiden Seiten in Öl goldbraun braten
- In der Zwischenzeit die Hälfte der verlesenen Beeren pürieren
- Die Schalotten schälen und fein hacken
- In einem Topf die Butter schmelzen und die Schalotten darin dünsten, bis sie glasig sind
- Mit Portwein und Orangensaft angießen und eine Minute kochen lassen
- Die pürierten und die ganzen Beeren einrühren und mit Salz und Pfeffer abschmecken
- Die Soße noch eine Minute erhitzen und dann über die angerichteten Fischfilets geben.

TIPP
Die Soße passt auch zu Geflügelfleisch.

Krabbensalat mit Beeren

- Beeren verlesen, kurz abbrausen und mit Küchenkrepp trocken tupfen. Die Weintrauben halbieren
- Das Krabbenfleisch mit den Früchten vermischen und auf Salatblättern anrichten
- Den Jogurt mit der Majonäse und dem Schnittlauch verrühren und mit Zitronensaft abschmecken. Vorsichtig über den Salat geben.

TIPP

Nach Geschmack kann man das Krabbenfleisch auch durch Tunfisch oder gegartes Lachsfleisch ersetzen.

Zutaten für 4 Personen

500 g	Krabbenfleisch
100 g	Himbeeren
100 g	Brombeeren
100 g	Fruchtfleisch einer Honigmelone
100 g	kernlose Weintrauben
	Salatblätter

Für das Dressing

2 EL	Jogurt
2 EL	Majonäse
1 TL	Schnittlauchröllchen
	Zitronensaft

Eierkuchenturm mit Heidelbeeren

- Heidelbeeren verlesen, waschen, abtropfen lassen. In eine Schüssel geben und Zucker darüber streuen
- Für den Teig die Eier trennen. Eigelb mit Salz, Milch und Zucker verquirlen. Mehl in eine Schüssel sieben Eimasse zufügen und alles mit dem Schneebesen verrühren. 10 Minuten ruhen lassen
- Eiweiß steif schlagen und unter den Teig heben
- In einer Pfanne etwas Butter erhitzen, ein Sechstel von dem Teig einfüllen und auf beiden Seiten goldbraun backen. Die restlichen fünf Eierkuchen ebenso zubereiten
- Jeden Eierkuchen mit Heidelbeeren belegen und aufeinander setzen. Die Schlagsahne mit dem Zucker steif schlagen und dazu reichen.

TIPP

Anstatt mit Schlagsahne kann man den Eierkuchenturm auch mit Vanillesoße servieren.

Zutaten für 6 Eierkuchen

750 g	Heidelbeeren
2 EL	Zucker
6	Eier
1 Pr	Salz
100 ml	Milch
1 EL	Zucker
125 g	Mehl
	Butter
1/4 l	Schlagsahne
1 EL	Zucker

Desserts

Himbeer-Soufflé

Zutaten für 4–6 Personen	
250 g	Himbeeren
1	Glas (2 cl) Himbeergeist
4	Eier
75 g	Zucker
1 P	Vanillinzucker
1 Pr	Salz
1 EL	Puderzucker
	Butter zum Einfetten

- Himbeeren mit Himbeergeist beträufeln
- Die Eier trennen. Eigelb mit Zucker, Vanillinzucker und Salz schaumig rühren. Eiweiß zu steifem Schnee schlagen und unterheben
- Eine feuerfeste Form mit Butter einfetten. Zwei Drittel der Masse einfüllen
- Die Himbeeren vorsichtig hineingleiten lassen und mit der restlichen Masse bedecken
- Auf der untersten Schiene im vorgeheizten Backofen bei 140°C etwa 15 bis 20 Minuten backen
- Vor dem Servieren mit Puderzucker bestäuben.

TIPP

Statt Himbeeren können auch Stachelbeeren verwendet werden. Sie werden mit etwas Wasser aufgekocht und durch ein Sieb gestrichen.

Brombeercreme

Zutaten für 4 Personen	
500 g	Brombeeren
125 g	Sahnequark
1	Becher Naturjogurt
4 EL	Bienenhonig
2	Eigelb
1	Glas Aquavit
	Saft einer Zitrone
2	Eiweiß
1/8 l	Sahne

- Die Brombeeren verlesen, falls nötig kurz abbrausen und gut abtropfen lassen. Einige Beeren als Garnitur zur Seite legen. Die restlichen Brombeeren pürieren und durch ein Sieb streichen
- Mit Quark, Jogurt, Honig, Eigelb, Aquavit und Zitronensaft cremig rühren
- Eiweiß und Sahne getrennt steif schlagen. Beides unter die Creme ziehen
- In vier Dessertschalen füllen und kalt stellen
- Vor dem Servieren mit Brombeeren und kleinen Makrönchen garnieren.

TIPP

Statt Brombeeren kann man auch Himbeeren oder Heidelbeeren verwenden.

Rote Grütze

Zutaten für 4 Personen

250 g	Erdbeeren
250 g	Himbeeren
250 g	Rote Johannisbeeren
250 g	Schwarze Johannisbeeren oder Jostabeeren
250 g	Sauerkirschen
1/4 l	Wasser
70 g	Stärkemehl
4–5 EL	Zucker
2 EL	Kirschwasser

- Erdbeeren, Himbeeren und Johannisbeeren verlesen, putzen, abspülen und gut abtropfen lassen. Die Erdbeeren halbieren
- Die Beeren im Wasser aufkochen und 5 Minuten kochen lassen
- Die Hälfte der Früchte durch ein Sieb streichen. Mit den ganzen Früchten wieder vermischen und noch einmal erhitzen
- Das Stärkemehl mit etwas Wasser glatt rühren und in die Masse einrühren. Nach Geschmack mit dem Zucker süßen und das Kirschwasser dazugeben
- Die sauberen, entsteinten Kirschen in die Grütze geben. Das Ganze mindestens 2 Stunden kalt stellen
- Schmeckt pur, zu Vanilleeis, mit Vanillesoße oder mit flüssiger Schlagsahne.

TIPP

Statt Stärkemehl kann man auch Sago verwenden. Dann sollte die Masse mit dem Sago etwa 15 Minuten gekocht werden.

Himbeer-Tiramisu

Zutaten für 8 Personen

1 kg	Mascarpone
150 g	Puderzucker
7 P	Vanillinzucker
1 kg	Himbeeren
1	Flasche Prosecco
2 P	Löffelbiskuits

- Den Mascarpone mit dem Puderzucker und der halben Flasche Prosecco glatt rühren
- Die Löffelbiskuits in eine ausreichend große Form legen und mit dem restlichen Prosecco tränken
- Dann die Mascarponemasse abwechselnd mit den Himbeeren darüber schichten
- Einige Himbeeren aufbewahren und das Tiramisu damit verzieren.

TIPP

Löffelbiskuits nach und nach mit Prosecco tränken. Nur so viel verwenden, wie der Biskuit aufnimmt.

Kuchen & Torten

Quarktorte mit Beeren

- Eier trennen. Eiweiß und 1 Esslöffel Wasser steif schlagen. 75 g Zucker und Vanillinzucker einrieseln lassen und dabei weiterschlagen. Eigelb unterrühren und Mehl, Stärkemehl und Backpulver unterheben
- Den Boden einer Springform mit Backpapier auslegen, Teig einfüllen und glatt streichen. Im vorgeheizten Backofen bei 175°C etwa 25 Minuten backen. Auskühlen lassen
- Die Gelatine einweichen. Die Beeren verlesen und falls nötig waschen und mit Küchenkrepp abtupfen.
- Den Biskuitboden einmal durchschneiden. Die Böden mit Himbeergeist beträufeln. Eine Tortenmanschette um den unteren Boden legen
- Die Sahne steif schlagen. Den Quark mit dem restlichen Zucker und dem Zitronensaft glatt rühren
- Die Gelatine ausdrücken, auflösen, mit 2 Esslöffel Quark verrühren und dann in den restlichen Quark einrühren. Sahne unterheben. Die Hälfte in eine Spritztülle füllen. Drei 2 bis 3 cm hohe Ringe auf den Boden spritzen
- In die Zwischenräume die Beeren einfüllen, dabei einige zum Verzieren zurückbehalten
- Himbeergelee erwärmen und über die Früchte geben. Den zweiten Boden darauf legen und die Torte 15 Minuten kalt stellen
- Die Manschette entfernen und die Torte mit Quark einstreichen. Die zuvor angerösteten Mandelblättchen an den Rand drücken
- Die Torte mit der restlichen Quarkcreme und den Beeren verzieren.

Zutaten für den Teig (Ø 28 cm)

2	Eier
150 g	Zucker
1 P	Vanillinzucker
75 g	Mehl
25 g	Stärkemehl
1 TL	Backpulver

Zutaten für den Belag

6 Bl	Gelatine
250 g	Himbeeren
150 g	Heidelbeeren
3 EL	Himbeergeist
2	Becher Schlagsahne
500 g	Magerquark
1 EL	Zitronensaft
100 g	Himbeergelee
30 g	Mandelblättchen

TIPP

Die Mandeln können auch durch Haselnüsse ersetzt werden. Das Rezept ist ebenso für Jostabeeren geeignet.

Johannisbeer-Mandel-Kuchen

Zutaten für den Teig (Ø 28 cm)

4	Eier
100 g	Butter oder Margarine
250 g	Zucker
6–7 EL	Milch
150 g	gemahlene Mandeln
175 g	Mehl
2 TL	Backpulver
	Fett und Paniermehl
	für die Form

Zutaten für den Belag

500 g	Rote Johannisbeeren
1 TL	Zitronensaft
2 EL	Mandelblättchen
1 EL	Puderzucker

- Johannisbeeren waschen, abtropfen lassen und bis auf einige Trauben die Beeren von den Stielen ablösen
- Zwei Eier trennen. Fett und 125 g Zucker schaumig rühren. Die restlichen Eier und Eigelb nach und nach unterrühren. Milch zufügen und die Mandeln, das Mehl und das Backpulver unterrühren
- Eine Springform einfetten und mit Paniermehl ausstreuen. Den Teig einfüllen und glatt streichen
- Die Beeren auf dem Teig verteilen. Im vorgeheizten Backofen bei 175°C etwa 25 bis 30 Minuten backen
- In der Zwischenzeit die zwei Eiweiß steif schlagen, den restlichen Zucker langsam einrieseln lassen, dabei weiterschlagen, und den Zitronensaft unterrühren
- Die Baisermasse auf den heißen Kuchen streichen, mit Mandelblättchen bestreuen und weitere 15 Minuten backen
- Den fertigen Kuchen auskühlen lassen, mit Puderzucker bestreuen und mit den restlichen Johannisbeeren verzieren.

TIPP

Statt Mandeln können Sie auch Haselnüsse verwenden und die Johannisbeeren durch Stachel- oder Jostabeeren ersetzen.

Getränke

Milchshake mit Himbeeren

Zutaten für 4 Gläser	
1/3 l	Milch
1/3 l	Eierlikör
250 g	Himbeeren
	Vanillinzucker

- Die Himbeeren, die gut gekühlte Milch und den Eierlikör in den Mixer geben und kurz durchmixen
- Mit Vanillinzucker nach Geschmack süßen und in Longdrinkgläsern servieren.

TIPP

Statt mit Himbeeren können Sie auch aus Heidelbeeren erfrischende Shakes zubereiten.

Beeren-Bowle

Zutaten für 1 Bowlenschüssel	
Je 250 g	Erdbeeren, Himbeeren, Rote Johannisbeeren und Heidelbeeren
1/8 l	Zuckersirup
2 Fl	Rotwein
2 Fl	Sekt

- Beeren verlesen und putzen, kurz mit Wasser abbrausen und mit Küchenkrepp vorsichtig trocken tupfen
- Die Erdbeeren vierteln
- Alle Früchte in einen Bowlentopf geben, mit dem Zuckersirup vermischen und mit einer Flasche Rotwein auffüllen
- Zwei Stunden an einem kühlen Ort ruhen lassen
- Dann mit dem restlichen Wein und dem Sekt auffüllen.

TIPP

Für den Zuckersirup lösen Sie etwa 40 g Zucker in 1/8 Liter Wasser auf.

Adressen, Informationsstellen, Literatur

Beerensträucher

- Obstbäume und Beerensträucher
  Hans Fenzl
  Weinbergstr. 22
  D–93413 Cham
  Tel.: (0 99 71) 15 58
  Fax: (0 99 71) 91 87
  E-Mail: Obstbaum-Fenzl@t-online.de
  Internet: www.obstbaeume.de

- Häberli GmbH Obst- und Beerenzentrum
  Postfach 166
  D–78201 Singen
  Tel.: (0 77 31) 6 92 86
  Fax: (0 77 31) 6 87 39

  oder

  Häberli AG Obst- und Beerenzentrum
  CH–9315 Neukirch-Egnach
  Tel.: 00 41 (0)71 474 70 70
  Fax: 00 41 (0)71 474 70 80
  E-Mail: info@haeberli.ch
  Internet: www.haeberli-beeren.ch

- Horst Heckmann
  Baumschule + Gartencenter
  Bühlweg 3
  D–74259 Widdern
  Tel.: (0 62 98) 92 25 0
  Fax: (0 62 98) 92 25 50
  E-Mail: baumschule.heckmann@t-online.de
  Internet: www.baumschule-heckmann.de

- Baumschulprodukte
  Herr GmbH
  Baumschulenweg 19 – 25
  D–53340 Meckenheim
  Tel.: (0 22 25) 94 19 5
  Fax: (0 22 25) 94 19 70

- Baumschule-Hofmann
  Hans Hofmann
  Hauptstr. 36
  D–91094 Langensendelbach
  Tel.: (0 91 33) 46 87
  Fax: (0 91 33) 46 73
  E-Mail: Baumschule-Hofmann@t-online.de
  Internet: www.baumschule-hofmann.de

- Schnell Söhne
  BdB-Markenbaumschulen
  Eichhofer Str. 9
  D–74632 Neuenstein

- Gustav Schlüter
  Versandbaumschule
  Bahnhofstr. 5
  D–25335 Bokholt-Hanredder
  Tel.: (0 41 23) 20 21
  Fax: (0 41 23) 70 88
  E-Mail: pflanzen-schlueter@t-online.de
  Internet: www.pflanzenversand-schlueter.de

- Weitere Anbieter von Obst- und Beerensträuchern finden Sie in dem Buch „Pflanze gesucht?“ von A. und W. Erhardt, Verlag Eugen Ulmer 2000.

Sträucher aus ökologischem Anbau

- Gärtnerhof Badenstedt
  Tarmstedter Str. 24
  D–27404 Zeven-Badenstedt
  Tel.: (0 42 81) 93 71 10
  Fax: (0 42 81) 93 71 15

- Wolfgang Hoff
  Am Haaksen 14
  D–26188 Edewecht/Portsloge
  Tel.: (0 44 05) 48 92 06

- Bio-Baumschule
  Rudolf Rombach jun.
  Brechterstral 1
  D–79336 Herbolzheim-Wagenstadt
  Tel.: (0 76 43) 91 20 50
  Fax: (0 76 43) 15 91
  E-Mail: rudi.rombach@t-online.de
  Internet: www.baumschule-rombach.de

Zubehör

- Oberacker
  Natur & Technik
  Gellertstr. 12
  D–76344 Eggenstein
  Tel.: (0 72 47) 96 30 90
  Fax: (0 72 47) 96 30 91
  Obst- und Beerenmühlen, Pressen

Beratung und Information

- Landesanstalt für Pflanzenbau und Pflanzenschutz
  Sachgebiet Ökologischer Landbau
  Essenheimer Str. 144
  D–55128 Mainz
  Tel.: (0 61 31) 99 30 0
  Fax: (0 61 31) 99 30 80
  Internet: www.agrarinfo.rpl.de

- Landesverband für Obstbau, Garten und Landschaft Baden-Württemberg e.V. (LOGL)
  Klopstockstr. 6
  D–70193 Stuttgart
  Tel.: (07 11) 63 29 01
  Fax: (07 11) 63 82 99
  E-Mail: logl.bw@t-online.de
  Internet: www.gartenbau-vereine.de

- Staatliche Lehr- und Versuchsanstalt für Wein- und Obstbau (LVWO), Traubenplatz 5
  D–74189 Weinsberg
  Tel.: (0 71 34) 50 40
  Fax: (0 71 34) 50 41 33
  E-Mail: oststelle@lvwo.bwl.de
  Internet: www.infodienst-mlr.bwl.de/la/lvwo/lvwo_01.htm

- In Baden-Württemberg können Sie sich bei Fragen oder Problemen an die Obstbauberater der Landratsämter wenden. Den Informationsdienst der Landwirtschaftsverwaltung Baden-Württemberg finden Sie im

Die Deutsche Bibliothek – CIP-Einheitsaufnahme:
Ein Titeldatensatz für diese Publikation ist bei Der Deutschen Bibliothek erhältlich.

Printed in Germany
Lektorat: Carola Hils
Fachliche Durchsicht: Gunhild Muster-Rupp
Covergestaltung und Layout: CYCLUS Visuelle Kommunikation
Herstellung und DTP: CYCLUS Media Produktion
Druck und Bindung: Offizin Andersen Nexö, Zwenckau

Bildquellen:
Christl Eberle: S. 8, 19 (o, m), 20, 21, 25, 26 (2), 32, 47, 49
LVWO/Gerlach: S. 24 (2), 30
Häberli AG: S. 6/7, 22, 23, 27, 28, 29 (2), 31
Peter Himmelhuber: S. 9 (re), 10 (o.re, u), 33, 39, 40, 42, 43, 46, 48
Ulrich Kerth: S. 5, 9 (li), 12/13, 52, 53, 64/65
LVWO/Muster: S. 19 (u)
Hans Reinhard: S. 10 (o.li), 11, 15, 50/51, 60
Friedhelm Volk: Umschlagfotos, S. 62/63, 69, 70, 73, 77
Monika Zilliken: S. 59
Zeichnungen: Kerstin Heß, Stuttgart

ISBN: 3-8001-3231-1

Internet unter www.landwirtschaft-mlr.baden-wuerttemberg.de. In den übrigen Bundesländern stehen Landwirtschaftskammern und Landwirtschaftsämter für Information und Beratung zur Verfügung.

Bodenuntersuchungen

- Bodenanalysen können Sie bei den jeweiligen staatlichen Landwirtschaftlichen Untersuchungs- und Forschungsanstalten (LUFA), den Landwirtschaftskammern beziehungsweise den Landesanstalten für Landwirtschaft der Länder in Auftrag geben. Auch private Labors führen diese Untersuchungen durch.

Literatur

Bücher

- Brown, Marlene: International produce cookbook & guide. HP Books 1989.
- Buchter-Weisbrodt, Helga: Obst. Die besten Sorten für den Garten. Verlag Eugen Ulmer 1993.
- Bundessortenamt: Beschreibende Sortenliste Beerenobst 1995.
- Colditz, Gabriele: Früchte einkochen, kandieren, einlegen. Verlag Eugen Ulmer 1991.
- Fischer, Manfred: Farbatlas Obstsorten. Verlag Eugen Ulmer 1995.
- Hausen, Monika Helmke: Die Botschaft der Früchte. Bauer 1998.
- Keipert, Konrad: Beerenobst. Verlag Eugen Ulmer 1981.
- Kranz, Brigitte: Früchte – der gesunde Genuss. Südwest 1997.
- Lexikon der Biologie. Herder Verlag.
- Lingen, Helmut: Früchte aus aller Welt in Garten und Küche. Lingen Verlag 1988.
- Metzner, Rudolf: Das Schneiden der Obstbäume und Beerensträucher. Verlag Eugen Ulmer 1991.
- Mühl, Franz: Beerenobst und Wildfrüchte. Obst- und Gartenbauverlag 1996.
- Oberbeil, Klaus: Fitmacher für jeden Tag. Südwest 1998.
- Ulmers Obst- und Gartenkalender. Verlag Eugen Ulmer.

Zeitschriften

- Obst & Garten. Herausgegeben vom Landesverband für Obstbau, Garten und Landschaft Baden-Württemberg e.V. (LOGL). Verlag Eugen Ulmer, Stuttgart.
- Der praktische Gartenratgeber. Obst- und Gartenbauverlag, München.

Register